国産みから天の岩戸

天孫降臨。高千穂町国見岳の雲海 ©pixta

アマテラスが岩戸にお隠れになった際、八百万の神がこの河原に集まり神議されたと伝えられる大洞窟。（宮崎県高千穂町）©pixta

天岩戸伝説が伝わる最南端、伊平屋島のクマヤ洞窟 ©pixta

国産みの図。イザナギ、イザナミの二神
沼矛で大八島（日本の島々）を生み出そ
している。『天《あめ》之《の》瓊《ぬ》矛《ぼこ》を以《も》て滄海《そうかい》を探る
（小林永濯画、1882 年前後作）

天の岩戸神話の天照大御神（春斎年昌画、1889 年作）

スサノオノミコト

大蛇《おろち》と闘う須佐之男命《すさのおのみこと》を演じる石見神楽（島根県浜田市）©pixta

ノオノミコトとヤマタノオロチを描いた浮世絵（楊洲周延 画）

スサノオノミコトとヤマタノオロチの像（JR 出雲市駅）©pixta

東西に似通る黄泉の国の話

リュディケを冥界から連れ戻すオルフェウス』。
ン＝バティスト・カミーユ・コロー画、1861 年作）

生者の住む現世と死者の住む他界（黄泉）との境目にあるとされる黄泉比良坂（島根県松江市東出雲町）©pixta

沖縄に残るユダヤの古代史!?

干潮時のヤハラヅカサ ©pixta

斎場御嶽、三庫理《さんぐうい》 ©pixta

伊平屋島のヤヘー岩 ©pixta

『十戒の石板を破壊するモーセ』(レンブラン
1659 年作)

石垣島の野底マーペー ©pixta

与那国島と「ヨナ書」との関係は？　写真
国島の海底地形 © 長太郎／アフロ

沖縄の文化に古代ユダヤの名残!?

に残る沖縄の御願としてのウマチー、沖縄県与那原大綱曳 © 新垣徳満／アフロ

ランクーの太鼓を持つ沖縄のエイサー © 新垣徳満／アフロ

沖縄の祭りウマチー。祭祀を司る白衣のノロの周りに集まる人たち（1974 年）©Kodansha/ アフロ

のみで行う祭祀舞踊。ウジテーク ©pixta

現代の過越祭の食事 ©Alamy ／アフロ

美しき沖縄は約束の地なのか？

美しいハイビスカスと沖縄 ©pixta

トウゴマの赤い実と白い花 ©

ゴブスタンの岩絵（上に船が
る）©pixta

美しい橋として、人気の観光スポットになっているニライカナイ橋（沖縄本島南部の南城市）©pixta

沖縄県 奥武島・竜宮神 ©pixta

出エジプトの図（1907 年作）

全国各地に伝わる浦島伝説

鼻の「龍宮神社」©pixta

浦島太郎（月岡芳年画、1882年作）

浦島太郎が玉手箱を開けたと言われる長野県木曽郡上松町にある「寝覚の床」©pixta

浦島伝説が伝わる浦嶋神社の絵馬（京都府与謝郡伊根町本庄浜）©pixta

「宮子の龍宮」伝説が伝わる龍神宮という神社にある浦島太郎の石像 ©pixta

竜宮滝（熊本県上益城郡山都町上川井野）©pixta

美豆良(みずら)とペイオト

オリーブ山で祈る正統派ユダヤ人。ペイオト（両耳の前の毛を伸ばしてカールさせる）がみえる ©Alamy／アフロ

帽子を被り、美豆良《みずら》をつけ、顎髭《あごひげ》をつけている武
輪（千葉・芝山古墳より出土）所蔵＝芝山仁王
音教寺展示＝芝山町立芝山古墳・はにわ博物館

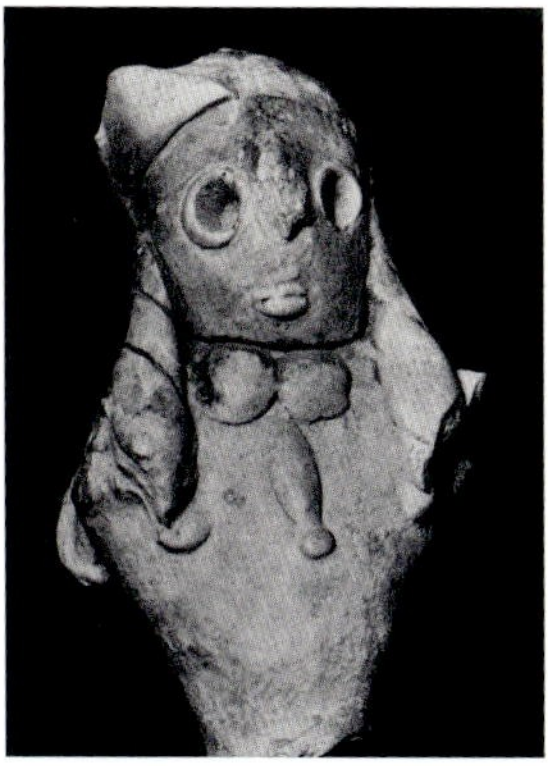

アフガニスタンのカンダハール州ムンディガク遺跡で発見された像：焼いた粘土。紀元前3000年

始皇帝

茨城・鹿島は天孫降臨の出発点

神宮の「御船祭」©pixta

クニヌシの像（出雲大社／島根県出雲市大社町）©pixta

空撮された仁徳天皇陵、その大きさがよくわかる ©pixta

浦島伝説と ユダヤ

山《やま》幸《さち》彦《ひこ》が紡《つむ》ぐ海洋国家日本の古代史

東北大学名誉教授
田中英道
Tanaka Hidemichi

ワニブックス

はじめに　天孫降臨から神武天皇即位まで180万年間！～謎を解く鍵は浦島伝説にあり

『記紀』に記録された渡来ユダヤ人日本同化の古代史

他の学者や研究者の方々は単なる絵空事としてあまり真剣に取り合わないのでしょうけれども、私は『日本書紀』に書かれた次の言葉と、そこに含まれる数字に素直に驚きます。

天祖《あまつみおや》の降跡《あまくだ》りましてより以逮《このかた》、今に一百七十九萬二千四百七十餘歳（ももよろづとせあまりななそよろづとせあまりここのよろづとせあまりふたちとせあまりよほとせあまりななそとせあまり）。（『日本古典文學大系「日本書紀」上』巻第三）

[訳] 天孫が降臨されてから百七十九万二千四百七十余年になる。

これは、後に神武《じんむ》天皇となるイワレビコが45歳になった時、兄弟や子供たちに「東征」を宣言する、その会話の中に出てくる一文です。天孫降臨から179万2470年以上が経ったけれども、と言っているわけです。

第一回国勢調査の表紙に描かれたイワレビコこと神武天皇（1920年作）

イワレビコは東征を経て、紀元前660年2月11日に神日本《かむやまと》磐余彦《いわれびこ》天皇《のすめらみこと》、すなわち神武天皇として即位したとされています。紀元前660年2月11日という日付は、明治維新後、『日本書紀』に書かれている日付を専門の学者陣が太陽暦に換算して比定し、明治政府が公的に定めた日付です。

ちなみに、この紀元前660年の神武天皇即位という比定が、日本の現行の法令上にそのまま生きているという事実があります。閏年《うるう》は神武天皇の即位年を起点にして算出するように定めた1898（明治31）年勅令の「閏年ニ関スル件」が、現在も有効なのです。

さて、天孫降臨から神武東征までの179万2470年以上の間に何があったのでしょうか。『日本書紀』には、《代々父祖の神々は善政を敷き、恩沢がゆき渡った》（『全現代語訳 日本書紀（上）』宇治谷孟、講談社）と書いてあるだけです。恩沢がゆき渡ったけれども、《し

宮崎県高千穂町国見が丘にあるニニギノミコト石像

アマテラスの天の岩戸（あまのいわと）を描いた『岩戸神楽ノ起顕』（三代豊国画、1856年作）

かし遠い所の国では、まだ王の恵みが及ばず、村々はそれぞれの長があって、境を設け相争っている》ので神武天皇は東征に出るわけです。

《代々父祖の神々は善政を敷き》のその内容については、何が書かれているわけでもありません。「天孫降臨から神武東征までの約180万年、いったい何をやっていたのか」という、『日本書紀』の記述はこれだから信用がおけないとする歴史家の人々の問いに対しても、残念ながら「何もしていなかった」と答える以外にない、ということになるのかもしれません。しかし、「一百七十九萬二千四百七十餘歳」という年数が明確に記述されている以上、そこには必ず意味がある、と私は考えています。

天孫降臨を行ったのはニニギです。アマテラスの孫にあたります。アマテラスから神武天皇までの系図を整理しておきましょう。

アマテラス（天照大神）
↓
アメノオシホミミ（天忍穂耳尊）
↓
ニニギ（瓊瓊杵尊）
↓
ヒコホホデミ（彦火火出見尊）
↓
ウガヤフキアエズ（鸕鷀草葺不合尊）
↓
イワレビコ（神日本磐余彦天皇、神武天皇）

神武天皇の祖父にヒコホホデミという神様がいます。この神武天皇の祖父「ヒコホホデミ」

こそが本書の主人公のひとりである「山幸彦」です。

山幸彦とは、兄の釣り針を弟が失くしてしまったことで兄弟喧嘩が始まる、いわゆる海幸山幸神話の、あの山幸彦です。童話にもなっているたいへん有名なお話ですが、釣り針をめぐる争いとはいったい何を意味しているのでしょうか。山幸彦の山、海幸彦の海とはいったい何のことでしょうか。

最近の『記紀』研究と渡来ユダヤ人研究から推定されるのは、山幸彦とは少なくとも縄文以来日本列島に住み続けてきた日高見国《ひたかみのくに》系・高天原《たかまがはら》系の一族の象徴であり、海幸彦とは海を渡ってやって来た渡来ユダヤ系の人々の象徴である、ということです。

そして、海幸山幸神話は、私がかねてより『日本神話と同化ユダヤ人』（勉誠出版、2020年）や『日本とユダヤの古代史&世界史　縄文・神話から続く日本建国の真実』（茂木誠氏との共著、ワニブックス、2023年）、『同化ユダヤ人のすばらしい日本への貢献』（文芸社、2024年）などの著作で明らかにしてきた、渡来ユダヤ人の日本同化の歴史を物語っている神話です。

ともすれば忘れがちですが、日本は、四方を海に囲まれた「海洋国」です。そして日本は、古来、ヨーロッパを含む大陸が、太陽が昇る場所として憧れ続けた最東端の列島です。

本書はこれから、海に囲まれているからこそ起こりえた、そして憧れの最東端の列島だからこそ起こりえた渡来ユダヤ人の日本同化の古代史を、今に残る遺跡、遺物、地名、呼称、文化と照らし合わせながら明らかにしていきます。

歴史的事象として捉えるべき天孫降臨と神武天皇の関係

アマテラスから神武天皇の系図を見ればわかる通り、天孫降臨から神武東征までの179万2470年以上の期間とは、ニニギ→ヒコホホデミ→ウガヤフキアエズの3神の御代《みよ》で費やされた期間です。平均すると神一柱あたり60万年の御代です。

ニニギの御代が何年、ヒコホホデミの御代が何年、ウガヤフキアエズの御代が何年、といった記述はありません。『古事記』にわずかに、「ヒコホホデミは高千穂の宮に580年間暮らした」という記述があるだけです。これは神一柱あたり平均60万年という年数から見るとあまりにも短い期間ですが、580年間という数字にしたところで、現代人の感覚ないし常識から外れたべらぼうに長い期間です。

580年にしても179万2470年にしても、数字の虚構性だけが強調されている印象があります。無理な数字や不思議な数字をわざと出してきた、ニニギ、ヒコホホデミ、ウガヤフキアエズの超人性を感じとってほしい、という書き手あるいは語り部の思い、あるいは当時の数字のレトリックなのかもしれません。あるいはまた、『記紀』の編者たちの、文字のない時代の語り部の記憶の不確かさをどうか免じてくれ、という思いがそこに込められているのかもしれません。

21世紀の歴史家の私としては、それははるか数え切れないほどの長い期間だった、としておくにとどめるべきかもしれません。無理な数字や不思議な数字については、ただ単に記憶がないというだけの意味である、と理解することもできるのです。

浦島太郎（月岡芳年画、1882年作）

しかし、私は、179万2470年という年数が書かれていることにやはりあらためて驚き、注目します。この不思議な数字は、3神のうちの少なくともヒコホホデミ＝山幸彦が、海洋国家・日本の南海の諸島である琉球にいた時代があることを示している数字だとも考えられるからです。

「琉球」と「龍宮」の語音は似ています。つまり「琉球」と「龍宮」

浦島太郎が浜辺で亀を「おもちゃにしている」子供らに会う　『尋常小学国語読本』（国定読本第３期）（1918 年）所蔵＝国立国語研究所

昔昔浦島は
助けた亀に連れられて
龍宮城へ来てみれば
絵にもかけない美しさ

の語の一致性を考える時、そこには、後世になって浦島伝説にかたちを変えていく山幸神話の大元が見えてきます。さらに言えば、琉球＝龍宮と理解した時にこそ、山幸神話は浦島伝説に姿を変えることができたのです。

ヒコホホデミが龍宮という南海の諸島にいた時代が、神々にとっては時間を忘れるほどに素晴らしい時代だった可能性があります。それが、浦島太郎が龍宮にいた、夢のような不思議な時間、後になって急に年老いてしまうという不可思議な現象に代替されているかのようです。

乙姫様のご馳走に
鯛や比目魚《ひらめ》の舞踊り
ただ珍しく面白く
月日のたつのも夢の中《うち》

遊びにあきて気がついて
お暇乞《いとまご》いもそこそこに
帰る途中の楽しみは
土産にもらった玉手箱

帰ってみればこれ如何に
元居た家も村もなく
路《みち》に行き合う人々は
顔も知らない者ばかり

心細さに蓋《ふた》とれば
開けて悔しや玉手箱
中からぱっと白煙《しろけむり》
たちまち太郎はお爺さん
（尋常小学校唱歌、明治四十六年）

龍宮城の、「絵にもかけない美しさ」「乙姫様のご馳走に、鯛や比目魚の舞踊り」「ただ珍しく面白く、月日のたつのも夢の中」こそが、179万2470年という年数を書きつけた由来ではないかと考えられます。

しかし、重要なのは、この179万2470年という年数は、さもひとつの事象が連続しているように書かれている時点ですでに間違っている、ということです。なぜなら、「天孫降臨」には、ニニギの天孫降臨と、もうひとつ、ニギハヤヒの天孫降臨があったからです。

私は、天孫降臨を国家形成という歴史的事象として捉えています。天孫降臨を歴史的事象として捉えた時、私の見立てでは、天孫降臨が行われたのは、神武天皇が即位したとされている紀元前660年です。天孫降臨は、実は、神武天皇の即位の直前に行われたものです。

2つの天孫降臨と2人の神武天皇

ニニギとニギハヤヒは兄弟神です。アメノオシホミミの子で、ニギハヤヒが兄、ニニギは弟です。

ニギハヤヒは、『日本書紀』に、神武天皇の東征の最終の敵ナガスネヒコが主君としている神として登場します。ナガスネヒコは、かつて大和の地に降臨した天孫がニギハヤヒであると証言して、神武天皇は偽物の天孫だろう、とクレームをつけています。

物部氏の遠祖神天孫饒速日命（ニギハヤヒ）をお祀りする神社、磐船神社。ご神体の天の磐船（大阪府交野市）©pixta

天孫降臨は、歴史的事実が神話化されたものです。「国譲り」もまた、紀元前12世紀から7世紀までの間に行われた、渡来ユダヤ人を含む出雲系の一族が日高見国・高天原系の一族に統治権を渡すという歴史的事実が神話化されたものですが、国譲り以降も日本の西地方は治まらない状況が続いていました。

寒冷化による人の南への移動、大陸からの移民で西日本の人口が増え続けていたのです。

そこで、日高見国・高天原は、九州と大和の2か所に統治者を派遣することにします。その統治者2人がニニギとニギハヤヒです。

今の茨城県・鹿島から鹿児島に船で向かったのがニニギです。『記紀』に書かれ、一般的によく知られている、「筑紫の日向の高千穂峰」に天降った、というのはこのことです。

一方、ニギハヤヒは今の千葉県・香取から船で大和の地へ向かいました。

天孫降臨。高千穂町国見岳の雲海 ©pixta

出発は、ともに紀元前660年のことだと考えられます。なぜ出発地が茨城と千葉なのかというと、私が『高天原は関東にあった　日本神話と考古学を再考する』（勉誠出版、2017年）で初めて明らかにしたように、アマテラスが統治する高天原は関東にあったからです。

まず、ニギハヤヒの大和統治がうまくいきました。一方、九州のニニギの方は難航しました。ニニギ、ヒコホホデミ、ウガヤフキアエズ、イワレビコの4世代かかってやっと西日本地域へ向けて軍勢を派遣するに至りました。

つまり、神武天皇は2人いたのだと考えられます。

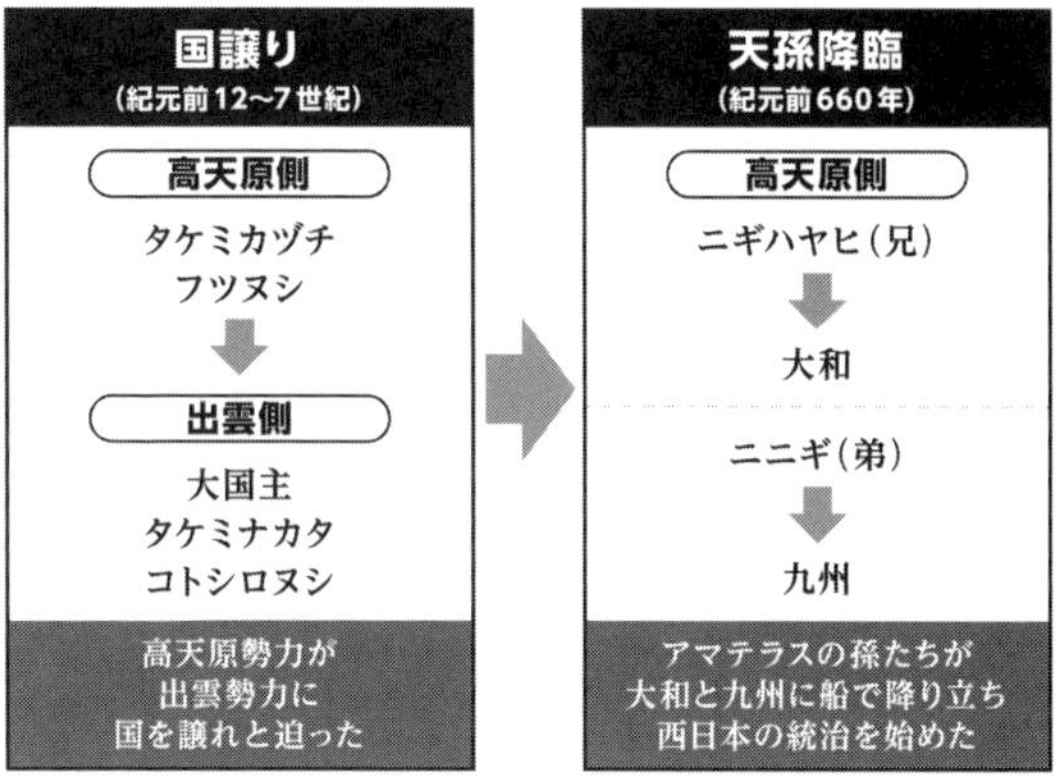

国譲りから天孫降臨へ

まず紀元前660年、派遣されたその年に大和の地を鎮めたニギハヤヒが初代神武天皇です。そして、ニニギの流れで4世代かかって大和の地に入るに至ったイワレビコがもうひとりの神武天皇です。

この、ニニギの流れで九州から東征したイワレビコ改め神武天皇は、宮内庁公式の天皇系図によれば第十代の崇神《すじん》天皇のことではないかと考えられます。

『日本書紀』では、神武天皇と崇神天皇のみ、ともに「はつくにしらすすめらみこと」と呼ばれています。官製の天皇系図では崇神天皇の在位は紀元前97〜30年となっていますが、考古学の知見ではその治世時期は3世紀後半から4世紀前半と推定されています。

崇神天皇陵、行燈山（あんどんやま）古墳（奈良県天理市）©pixta

実は大和は、ニギハヤヒの時と2回、高天原系に征服されているのです。理屈で言ってしまえば、イワレビコが言った「天孫降臨から179万2470年以上が経ったけれども」というのは、高天原が天孫降臨を指令した紀元前660年から崇神天皇の治世が始まる少し前までの「約800年から900年が経ったけれども」ということになるでしょう。

ニニギ側の天孫降臨は、船団を組んで鹿島から太平洋沿岸を渡って鹿児島に到着し、その後、ヒコホホデミ＝山幸彦が琉球＝龍宮に遠征または統治する時代となり、ウガヤフキアエズの世代を経てイワレビコの東征へと至りました。

ニギハヤヒ側の天孫降臨は、香取から船団で太平洋沿岸を渡って今の大阪府の河内に到着し、今の奈良県の大和に入って橿原《かしはら》付近で第一次神武天皇政権を築きました。そこから、いわゆる「欠史八代」と呼ばれる時代があり、第二次神武天皇＝第十代崇神天皇に引き継がれることになるのです。

天孫降臨から神武東征まで179万2470年以上という年数は、「欠史八代」の年代の

不明さをごまかすために用意された年数だとも考えられます。『記紀』の書き手が後の歴史家に判断を委ねるべく用意した不思議な年代と理解する以外にないのかもしれません。

いずれにせよ、天孫降臨を命じられて鹿児島に船で渡ったニニギの子、ヒコホホデミ＝山幸彦は、龍宮＝琉球ときわめて深い関係にあると考えられる存在です。

統治を命じられたニニギの系統の山幸彦と龍宮との関係、そして、海洋国・日本の南海の諸島に渡ってきていた渡来ユダヤ人との関係とその同化の歴史を次章から見ていきましょう。

はじめに　天孫降臨から神武天皇即位まで１８０万年間！
～謎を解く鍵は浦島伝説にあり

第一章　山幸彦と海幸彦を正しく知る
～『記紀』の神話に隠された渡来ユダヤ人たち

第二章 注目すべき龍宮＝琉球という一致
～沖縄に渡った山幸彦の足跡

第三章

古代日本と渡来ユダヤ人
～聖書に登場する日本の南海の島々

第四章　神武天皇が琉球で生まれた可能性
～天の岩戸も琉球にあった？

第五章　沖縄に伝わるユダヤ的文化の数々
～日本に同化していく渡来人

第六章 沖縄に残る浦島太郎伝説の謎 ～山幸彦の琉球王朝

おわりに 天孫降臨の本来 ～琉球居住の渡来ユダヤ人統治計画

付録

茨城・鹿島こそは天孫降臨の出発点
～高天原は関東の古代文明だった

※敬称につきましては、一部省略いたしました。
役職は当時のものです。
※写真にクレジットがないものは、パブリックドメインです。

装丁・本文デザイン　木村慎二郎

第一章

山幸彦と海幸彦を正しく知る

～『記紀』の神話に隠された渡来ユダヤ人たち

ギュスターヴ・モローの『オルフェウス』。(1865年作)

ヤマタノオロチ　イメージ画　©みしまゆかり／pixta

山幸彦と海幸彦は天孫の一族

山幸彦と海幸彦の神話は、大黒様（オオクニヌシ）にまつわる「因幡《いなば》の白兎《しろうさぎ》」と並んで現代の日本で最も馴染みがあり、最もよく知られている日本神話のひとつです。

日本の神話が一般に広まるについては、児童文学者・鈴木三重吉（1882〜1936年）が『古事記』を、当時の口語で子供向けに現代語訳した『古事記物語』（赤い鳥社、1920年）の発刊と普及に大きな功績がありました。したがって、今よく知られている山幸彦と海幸彦の神話は『古事記』の山幸海幸であるということになります。

因幡の白兎（皮を剥ぎ取られる兎）

細部に多少の違いがあり、それについては追ってお話ししていきますが、『古事記』と『日本書紀』の山幸海幸はおおむね同じストーリーです。まずはそのあらすじをまとめておきましょう。

いずれにしても、海幸彦（兄）と山幸彦（弟）の兄弟は、茨城の鹿島から船で海を渡って鹿児島に天孫降臨したニニギの子であることを頭に入れておいていただければと思います。つまり、少なくとも山幸彦は民話などといった物語に出てくるような一般人ではなく、天孫、つまり日高見国直系、高天原直系の神の直系の一族である、ということです。

因幡の白兎（大国主と兎）

【海幸山幸神話　あらすじ】

山幸彦は山の猟を得意とした。海幸彦は海の漁を得意とした。ある日、山幸彦が兄の海幸彦にお互いの道具を取り替えてみることを提案する。渋る兄を説得し、山幸彦は釣り針を1本借りて、海へと出かけた。

山幸彦は兄から借りた釣り針を失くしてしまう。いくら探しても見つからず、山幸彦は懸命に詫びるが兄の海幸彦は許さない。山幸彦は自分の剣を壊して大量の釣り針を作って差し出す。それでも兄の海幸彦はあの釣り針を返せと言い張って許さない。

山幸彦が困り果てて海辺で泣き悲しんでいるところに塩椎神《しおつちのかみ》が現れる。経緯を聞いた塩椎神は、山幸彦に小舟を与え、海神のところへ行け、と言う。山幸彦は綿津見神宮《わたつみのかみのみや》に着く。

山幸彦は海神に歓迎され、海神の娘である豊玉姫《とよたまひめ》と結婚し、綿津見神宮で楽しく暮らすうちに3年が経つ。山幸彦が釣り針の件を話すと、海神は海という海の魚を集めて尋ねる。すると喉に棘が刺さったとして苦しんでいる鯛がおり、調べると釣り針が出てくる。

海神は山幸彦に、「釣り針を兄に返し、兄が高いところに田を作ったら低いところに、兄が低いところに作ったら高いところに田を作れ。あなたは豊かになり、兄は貧しくなる。もし兄が恨んで攻めてきたらこの潮盈珠《しおみつたま》を出して溺れさせ、兄が助けを求めたら潮乾珠《しおひるたま》を出して海の水を引かせて助けろ」と言い、潮満玉と潮干玉を与え、鰐《わに》の頸《くび》に乗せて帰らせる。

山幸彦は海神に言われた通りにする。兄の海幸彦は貧乏になり恨んで攻めてくる。潮盈珠を出すと兄は溺れる。助けを求めるので潮乾珠を出して助ける。海幸彦は謝罪し、生涯、山幸彦に仕えることを誓う。


この後に、豊玉姫の神話が続きます。山幸彦と結婚した豊玉姫は妊娠していて、天孫（山幸彦のこと）の子を海で産むわけにはいかないというので山幸彦が帰った場所（日向。今の宮崎県）にやって来ます。海辺に産屋《うぶや》を建てて出産しますが、豊玉姫が絶対に見てはいけないというのを山幸彦は覗いてしまいます。

豊玉姫は八尋《やひろ》（尋は両手を広げた左右両端の間の長さ）の鰐となって出産していました。この時に生まれたのがウガヤフキアエズ、つまり神武天皇の父親です。山幸彦は神武天皇の祖父にあたります。

実は『日本書紀』には山幸彦、海幸彦という呼称は出てきません。『古事記』に登場する呼称も今のものとは表記が違っていて、それぞれ、山佐知毗古（ヤマサチビコ）、海佐知毗古（ウミサチビコ）です。

『記紀』それぞれの山幸彦、海幸彦の名称を整理しておきます。


『古事記』
・山幸彦
火遠理命（ホオリノミコト）
天津日高日子穂穂出見命（アマツヒコヒコホホデミノミコト）
山佐知毗古（ヤマサチビコ）
・海幸彦
火照命（ホデリノミコト）
海佐知毗古（ウミサチビコ）

『日本書紀』

・山幸彦

［本文］

彦火火出見尊（ヒコホホデミノミコト）

火折尊（ホノオリノミコト）

一書《あるふみ》に曰く（第三）

火折彦火火出見尊（ヒオリヒコホホデミノミコト）

・海幸彦

［本文］

火酢芹命（ホノスセリノミコト）

一書に曰く（第三）

火進命（ホノススミノミコト）

一書に曰く（第七）

火夜織命（ホノヨオリノミコト）

右記中、『日本書紀』に「一書（異説という意味）に曰く」とあるのは注意が必要です。『日本書紀』は、全30巻のうちの特にはじめの「神代上」「神代下」の2巻、つまり神話の部分は、本文に続いて異説（一緒に曰く）がずらりと並ぶ、資料集のような体裁で書かれています。最大で一本文につき11の「一書に曰く」が付いている、つまり『日本書紀』は少なくとも11種類の史資料ないし取材資料を参考にして書かれているということがわかります。

親日家として知られたフランスの社会人類学・民族学者レヴィ＝ストロース（1908〜2009年）は、『古事記』と『日本書紀』の違いについて、次のように述べていました。

《『古事記』はより文学的ですし、『日本書紀』はより学者風です。しかしスタイルこそ違え、どちらも比類のない巧みさをもって世界の神話の重要テーマのすべてをまとめ上げています。そしておのおのの神話が、知らず知らずのうちに歴史に溶け込んでいます》（日文研フォーラム講演「世界の中の日本文化」1988年　訳・大橋保夫）

『日本書紀』はより学者風、というのは、この「一書に曰く」を多用する編纂姿勢のことを指しています。『日本書紀』は、成立期同時代の世界に類を見ない、努めて客観的・科学的に編纂された歴史書だと言うことができるでしょう。

本章では、混乱しないように山幸彦、海幸彦という名称を主に使って話を進めます。ちなみに、山幸彦と海幸彦は、『記紀』ではともに3人兄弟です。『古事記』では山幸彦の次兄として「火須勢理命（ホスセリノミコト）」、『日本書紀』の本文では同じく次兄に「火明命（ホノアカリノミコト）」が出てきますが、山幸海幸神話には登場しません。山幸彦は3人兄弟の末っ子です。

さて、問題は、山幸彦がなぜ船に乗り込んで海神の住むところ、つまり綿津見神宮、おそらくは日本列島南海の諸島、つまり琉球へ行ったのか、ということです。そしてまた、なぜそれが龍宮とつながり、浦島太郎の伝説が加わったのか、ということです。

それはつまり、日本の国家成立の歴史的事象である天孫降臨を行うべく鹿児島に着いたニニギの一行から神武天皇の東征の歴史、そして同じく大和に天孫降臨していたニギハヤヒとニギハヤヒに仕えて最後には大和の地を明け渡す長髄彦（ナガスネヒコ）の歴史とどう結びつくのか、を解き明かすということでもあります。

見逃してはならないスサノオと山幸彦、海幸彦との関係

「はじめに」で述べた通り、私は、天孫降臨は、ニニギによるものとニギハヤヒによるものの、2つがあったと考えています。

ニニギ側の天孫降臨は、茨城の鹿島から船で海を渡って鹿児島に到着し、ヒコホホデミの世代、ウガヤフキアエズの世代を経てイワレビコの東征があり、神武天皇の即位へと至りました。

石切劔箭（いしきりつるぎや）神社（東大阪市）の祭神ニギハヤヒ（饒速日尊）
©pixta

ニギハヤヒ側の天孫降臨は、千葉の香取から船で海を渡って河内に到着し、大和に入って橿原で第一次神武天皇政権を築きました。そこから、欠史八代と呼ばれる時代があり、第二次神武天皇＝第十代崇神天皇に引き継がれることになります。

こうした過程の中に山幸彦（ヒコホホデミ）は存在しているわけです。

『古事記』においても『日本書紀』においても、山幸彦は、「漁師」として大小の魚をとり、海幸彦は「猟師」として大小の獣をとって暮らしています。ここでまず予想されるのは次の事柄です。

山幸彦→縄文時代の日本においてすでに漁師として生活していた、ニニギのいた高天原＝日高見国系の一族

海幸彦→海外から海を渡ってやって来て日本に居住するようになった外来の人々の一族

そしてこれは、実は、イザナギがスサノオに、海を司ることを命じたことと関係しています。スサノオは、日本の古代史における渡来ユダヤ人の存在を考えるうえで見逃してはいけない神の一柱であると私は考えています。

スサノオは、有名なことにかけては日本神話の中でも一、二を争う神です。最も知られているエピソードは、クシナダヒメという娘を救うために八首八尾の怪物・ヤマタノオロチと闘って退治し、そのオロチの尾から出てきた剣こそ三種の神器のひとつとなる草薙剣《くさなぎのつるぎ》だった、というものでしょう。一般的にスサノオには、勇猛果敢な戦士あるいは英雄というイメージ

があるようです。

なぜスサノオは海を司ることを命じられたのか、というところがポイントです。イザナギとイザナミが国産みと神産みを行うことで日本列島および日本文明ができあがっていくわけですが、まずはイザナギとイザナミから始まる神の系譜の主だったところを整理しておきます。

八岐大蛇（やまたのおろち）と闘う須佐之男命（すさのおのみこと）を演じる石見神楽（島根県浜田市）©pixta

ヤマタノオロチ（イメージ画）© みしまゆかり／pixta

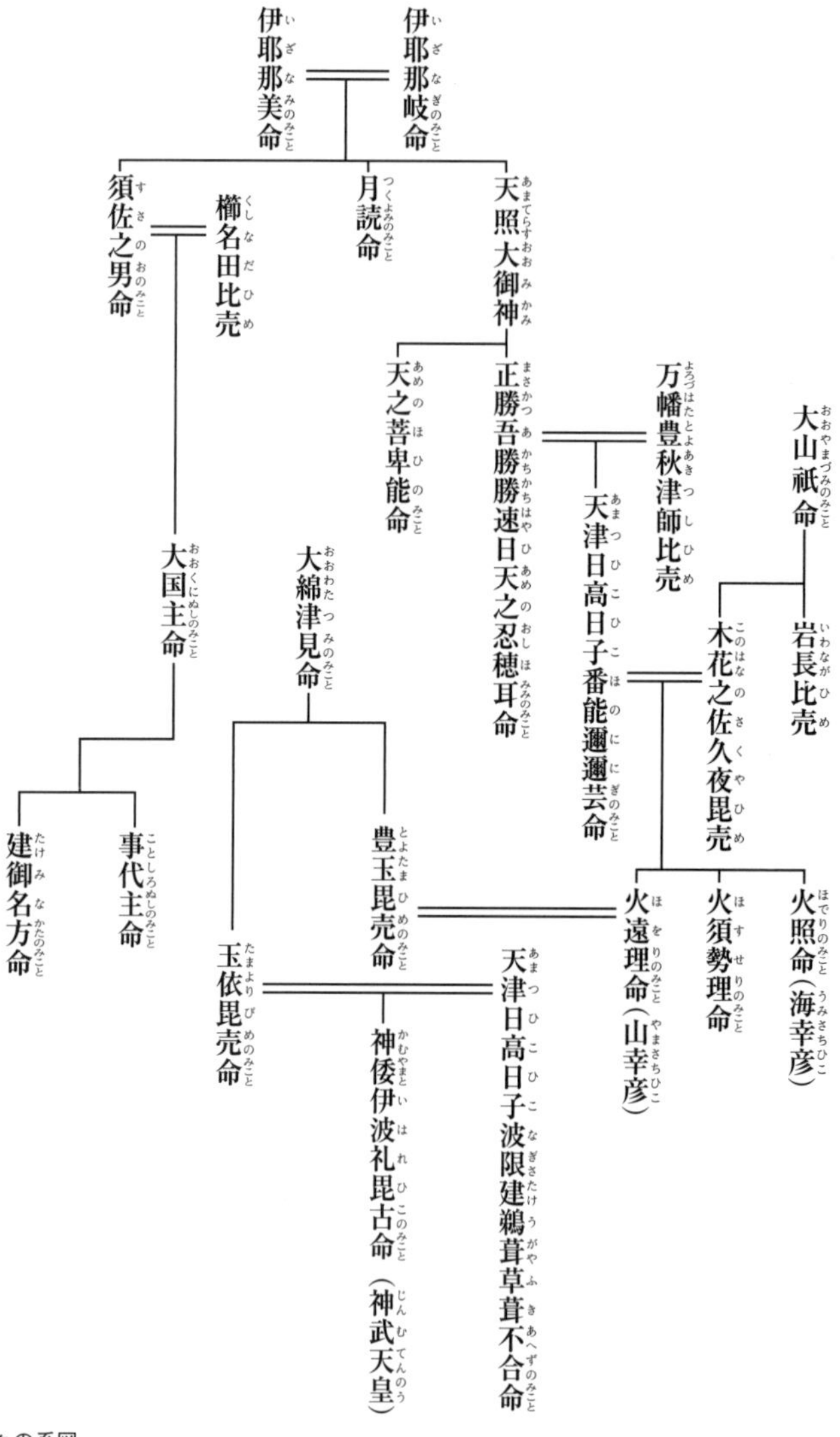
伊耶那岐命《いざなぎのみこと》
伊耶那美命《いざなみのみこと》
天照大御神《あまてらすおおみかみ》
月読命《つくよみのみこと》
須佐之男命《すさのおのみこと》
櫛名田比売《くしなだひめ》
天之菩卑能命《あめのほひのみこと》
正勝吾勝勝速日天之忍穂耳命《まさかつあかつかちはやひあめのおしほみみのみこと》
万幡豊秋津師比売《よろづはたとよあきつしひめ》
大山祇命《おおやまづみのみこと》
天津日高日子番能邇邇芸命《あまつひこひこほのににぎのみこと》
木花之佐久夜毘売《このはなのさくやびめ》
岩長比売《いわながひめ》
大国主命《おおくにぬしのみこと》
大綿津見命《おおわたつみのみこと》
建御名方命《たけみなかたのみこと》
事代主命《ことしろぬしのみこと》
豊玉毘売命《とよたまひめのみこと》
玉依毘売命《たまよりびめのみこと》
火遠理命《ほをりのみこと》（山幸彦《やまさちひこ》）
火須勢理命《ほすせりのみこと》
火照命《ほでりのみこと》（海幸彦《うみさちひこ》）
天津日高日子波限建鵜葺草葺不合命《あまつひこひこなぎさたけうがやふきあへずのみこと》
神倭伊波礼毘古命《かむやまといはれひこのみこと》（神武天皇《じんむてんのう》）

神々の系図

国産みの図。イザナギ、イザナミの二神が天沼矛で大八島（日本の島々）を産み出そうとしている。『天之瓊矛（あめのぬぼこ）を以（も）て滄海（そうかい）を探るの図』（小林永濯画、1882 年前後作）

イザナギとイザナミはまず大八島国（今の北海道を除く日本列島）を産み、数々の海の神や川の神、山の神、風の神、木の神、食物の神、火の神を産んだ後、『古事記』においては「黄泉《よみ》の国の神話」を経て、イザナギがアマテラス、ツクヨミ、スサノオの三柱の神を生じさせます。イザナギはこの三神の誕生をとても喜んだということから、アマテラス、ツクヨミ、スサノオは「三貴子」とも呼ばれます。

結論から先に言えば、私は、「スサノオは西方に由来を持つ外来の神であり、他の日本の神とは違う」と考えています。ユダヤ系の一族の存在を示唆している神である、ということです。『古事記』や『日本書紀』などに書かれている日本神話の中には、そう考えなければ理解できない話が頻出するのです。

よそ者あるいは異郷の神、スサノオ

『古事記』によればスサノオは、イザナギが、死んだイザナミのいる「黄泉の国」から帰還してその穢れを落とすために日向で禊《みそぎ》を行った時、イザナギの鼻から生まれました。スサノオはイザナギの子であると言っていいでしょう。

一方、『日本書紀』本文には黄泉の国と禊の件は登場せず、イザナギとイザナミの神産みの流れからスサノオは生まれてきます。ただし、一書に曰く、つまり異説の第六として、『古事記』とほぼ同じストーリーの、イザナギの鼻からスサノオが生じる、という話が収録されています。

イザナギは三貴子の誕生を喜び、アマテラス、ツクヨミ、スサノオに次のように重要な役目を授けます。

《(イザナギは) 頸にかけておいでになった玉の緒をゆら

黄泉比良坂（よもつひらさか）。生者の住む現世と死者の住む他界（黄泉）との境目にあるとされる坂（島根県松江市東出雲町）©pixta

ゆらと揺がして天照らす大御神（アマテラス）にお授けになって、「あなたは天を治めなさい」と仰せられました。この御頸に掛けた珠の名を御倉板挙《みくらたな》の神《かみ》と申します。次に月読の命（ツクヨミ）に、「あなたは夜の世界をお治めなさい」と仰せになり、須佐の男の命（スサノオ）には、「海上をお治めなさい」と仰せになりました》（『新訂古事記』武田祐吉・訳注、中村啓信・補訂解説、角川書店）

アマテラスは「天」、ツクヨミは「夜」、スサノオは「海」を司ることになるのですが、困った問題が生じます。次にあるように、スサノオが言うことを聞かないのです。

『古事記』
《須佐の男の命（スサノオ）だけは命ぜられた国をお治めなさらないで、長い鬚が胸に垂れ下がる年ごろになってもただ泣きわめいておりました。その泣く有様は青山が枯山になるまで泣き枯らし、海や河は泣く勢いで泣きほしてしまいました。そういう次第ですから乱暴な神の物音は夏の蠅が騒ぐようにいっぱいになり、あらゆる物のわざわいがことごとく起こりました》（前掲書『新訂古事記』）

『日本書紀』

［本文］

《このかた（スサノオ）は勇しく荒々しくて、残忍なことも平気だった。また常に泣きわめくことがあった。それで国内の人々を多く若死させた。また青山を枯山にさせた。それで父母の二神（イザナギとイザナミ）は素戔嗚尊（スサノオ）にいわれるのに「お前はたいへん無道である。だから天下に君たることができない。必ず遠い根の国に行きなさい」と。そしてついに追いやられた》

［一書（第一）］

《伊奘諾尊（イザナギ）のいわれるのに「私は天下を治めるべきすぐれた子を生もうと思う」とおっしゃって、そこで左の手で白銅鏡（ますみのかがみ）をおとりになったときに、お生まれになった神が大日孁尊（オオヒルメノミコト＝アマテラス）である。右の手で白銅鏡をお取りになったときに、お生まれになった神が月弓尊（ツクヨミ）である。また首を回して後をごらんになった丁度そのときに、お生まれになったのが素戔嗚尊（スサノオ）である。このうち大日孁尊と月弓尊は、共にひととなりがうるわしいので、天地を照らし治めさせられた。素戔嗚尊は、性質が物をそこないこわすのを好むところがあった。だから下にくだし

て根の国を治めさせた》

［一書（第二）］

《この神（スサノオ）は性質が悪くて、常に泣いたり怒ったりすることが多かった。国民が多く死に、青山を枯山にした。それで両親（イザナギとイザナミ）が、「もしお前がこの国を治めたとしたら、きっとそこないやぶることが多いだろう。だからお前は大へん遠い根の国を治めなさい」といわれた》

［一書（第六）］

《素戔嗚尊（スサノオ）は年もたけ、長い髭が伸びていた。けれども、天下を治められなくて、いつも泣き恨んでおられた。そこで伊弉諾尊（イザナギ）が尋ねていわれるのに、「お前はなぜいつもこんなに泣いているのか」と。答えていわれるのに「私は母について根の国に行きたいと思ってただ泣くのです」と。伊弉諾尊（イザナギ）はにくんでいわれるのに、「望み通りにしなさい」といって追いやられた》（前掲書『全現代語訳日本書紀』）

右記の『日本書紀』の一書（第一）は、アマテラスおよびツクヨミとスサノオとの扱いの違いが特に浮き彫りになっています。『古事記』ではイザナギが鼻を洗った時に生じたのがスサノオですが、ここでは、イザナギが首を回して後ろを見た、つまり、よそ見をしているときに生まれた、と書かれています。アマテラスとツクヨミは《共にひととなりがうるわしいので、天地を照らし治めさせられた》として、どちらも美しくて明るいものと称賛されているのに対して、スサノオは《性質が物をそこないこわすのを好むところがあった》と、最初から、残虐であると決めつけられています。

ここには、きわめてわかりやすいかたちの善悪二元論があります。スサノオは、明らかに悪者として考えられているわけです。

スサノオは《国民が多く死に、青山を枯山に》するような、国に対して極めて重要な影響を与える悪です。その危険性の拡大を恐れてイザナギは、スサノオに海を統治させることをあきらめ、《大へん遠い根の国》を治めさせることにします。つまりスサノオは、他の神々とは異なる系統の存在として扱われています。

この後、スサノオは、姉にあたるアマテラスに挨拶をして黄泉の国へ行こう、ということで高天原に行きます。アマテラスは、これをスサノオの高天原侵攻だと考えました。

スサノオはその疑いを晴らすために「誓約《うけい》」と呼ばれる占いを行うことをアマテラスに持ちかけ、互いの持ち物を噛み砕いて神を生じさせます。この時、アマテラスが身につけていた勾玉《まがたま》をスサノオが噛み砕いて生じさせた神がアメノオシホミミでした。ニニギの父であり、山幸彦の祖父です。

結局、占いはスサノオに有利な結果となり、スサノオは勝った勢いで、高天原で乱暴狼藉《ろうぜき》を働きます。その恐ろしさから逃れるためにアマテラスは天の岩戸に隠れてしまいます(天の岩戸神話)。高天原の神々は会議を持ち、計画を立てて、アマテラスを天の岩戸から引き出すことに成功し、スサノオを高天原から追放します。

天安河原(あまのやすかわら)アマテラスが岩戸にお隠れになった際、八百万(やおよろず)の神がこの河原に集まり神議されたと伝えられる大洞窟。別名「仰慕ヶ窟(ぎょうぼがいわや)」(宮崎県高千穂町)
©pixta

この時、スサノオが「鬚と手足の爪を切り落とされて」追放されているのも興味深いところです。高天原から追放されたスサノオは出雲の国に下りました。そして、ヤマタノオロチの神話へと続いていきます。

さて、ここで私にはきわめて不思議に思うことがあります。なぜスサノオは海を司ることを命じられたのか、という疑問に関わる不思議です。

三貴子はイザナギから、アマテラスは「天」、ツクヨミは「夜」、スサノオは「海」を司るように命じられま

天の岩戸神話の天照大御神（春斎年昌画、1889 年作）

した。そして、『日本書紀』には、次のような昼夜起源神話が「一書に曰く」として収録されています。

《天照大神（アマテラス）はもう天上においでになっておっしゃるのに、「葦原中《あしはらのなか》津国《つくに》に保食神《うけもちのかみ》がおられるそうだ。月夜見尊（ツクヨミ）、お前行って見てきなさい」と。月夜見尊（ツクヨミ）は、命を受けてお降りになった。そして保食神のもとにおいでになった。保食神が首を回し、陸に向かわれると、口から米の飯が出てきた。また海に向かわれると、口から大小の魚が出てきた。また山に向かわれると、口から毛皮の動物たちが出てきた。そのいろいろな物を全部揃えて、沢山の机にのせておもてなしした。このとき月夜見尊（ツクヨミ）は、憤然として色をなしていわれ、「けがらわしいことだ。いやしいことだ。口から吐き出したものを、わざわざ私に食べさせようとするのか」と。

そして剣を抜いて、保食神を撃ち殺された。そして後に復命して詳しく申し上げられた。そのとき天照大神（アマテラス）は、非常にお怒りになっていわれるのに、「お前は悪い神だ。もうお前に会いたくない」とおっしゃって、月夜見尊（ツクヨミ）と、昼と夜とに分れて、交代に住まわれた》（前掲書『全現代語訳日本書紀』）

壱岐の島の月讀（つくよみ）神社 ©pixta

ここで明らかに、アマテラスは太陽であり、ツクヨミは月であることが宣言されています。問題は、太陽と月はいずれも明確な天体である、ということです。

しかし、スサノオについては、およそ実体のわからない、また、天体とは次元の違う「海」というものを治めろ、ということになっていました。アマテラスとツクヨミは天体を治めろ、スサノオは地上つまり日本列島にまつわる海を治めろ、というのは、つまり、スサノオは最初から徹底的に区別された神であることを示しています。

アマテラスが太陽、ツクヨミが月、ということであるならば、そして、同じ三貴子であり同列の神様としてあろうとするならば、スサノオは他の天体を治めることになるのが道理です。太陽、月、とくればその次の天体は「星」です。つまり、スサノオは、「星」の神であってしかるべきでした。しかし、スサノオは星の神とはならなかったのです。その事情を探ると、たいへん興味深い事実がわかってきます。

なぜスサノオは星の神にならなかったのか

道教の最高神、玉皇上帝と天界の王たち

中国の三大宗教と呼ばれるものに、儒教、仏教、道教があります。そのうちの「道教」は開祖がいるわけではなく自然発生したものとされています。

道教では、宇宙と人生の根源的な真理を「道（タオ）」と呼び、すべてをタオに基づいて考えます。タオと一体となることが究極の理想とされています。そのため、不老不死の霊薬である丹を錬り（錬

妙見菩薩

丹術）、それを用いて修行するわけですが、この修行の途にある人々が「仙人」と呼ばれており、道教といえば仙人というイメージが一般的に広まっているわけです。

道教は、最高神を「玉皇大帝」として考えます。玉皇大帝は北極星（金星）と同じ神格です。この信仰は後に北斗七星を崇《あが》める信仰へとつながります。仏教においても同様の考え方があり、北極星あるいは北斗七星を妙見《みょうけん》菩薩として崇める妙見信仰へとつながっていきました。

宮内庁のウェブサイトには、天皇陛下が日々行う祭儀が「主要祭儀一覧」というページに紹介されています。1月1日に「四方拝《しほうはい》」という祭祀があります。

古来、天皇陛下が執り行う年中最初の祭祀であり、元旦の早朝に天皇陛下が神嘉殿《しんかでん》南庭で伊勢の神宮、山陵および四方の神々をご遙拝になる重要な祭祀です。「四方拝」の儀式の内容や方法は公開されていませんが、天皇陛下はまず北に向かい、北辰つまり北極星と北斗七星を拝むと言われています。つまり、日本の天皇家には北斗信仰があるわけです。

したがって、スサノオには、北極星（金星）あるいは北斗七星といった、太陽、月とは違う「星」を司る可能性も十分にあったということになります。しかし、スサノオはそうなりませんでした。

西洋にも北極星（金星）に対する信仰があります。『聖書』において金星は、明けの明星としてキリストに比せられることもありますが、主に、大魔王サタンに比せられる星です。天使としての最上位である熾天使《してんし》セラフィムの地位にあったルシファーが堕天使《だてんし》となってサタンを名乗るわけですが、ルシファーとは明けの明星、つまり金星を意味するラテン語です。

地獄の最下層にいる悪魔サタン。ギュスターヴ・ドレによるダンテの『神曲』地獄篇の挿絵（1861年作）

堕天使ルシファー。神が彼を天国から追い出すと告げた直後（アレクサンドル・カバネル画、1868年作）

金星は、太陽の輝きに消えてしまう存在です。夜であれば月より光の小さい存在です。金星は、太陽と月と対立関係にあり、西洋においては悪に傾向している存在であると言うことができるでしょう。

一方、東洋において金星は、天皇家の「四方拝」にも見られる通り、きわめて高く崇められる存在です。

古来、東西の神話において星の存在は重要であり続けました。私は、日本の神話の神々については、東洋の神々の範囲に押し込めてしまうことなく西洋まで拡大した範囲において見るべきだと考えています。

スサノオは、キリスト教における天国同様の世界・高天原から追放されます。したがってスサノオは、西洋における金星的な存在に近い、ということになります。

『日本書紀』に「一書に曰く」として異説がずらりと並ぶことからもわかる通り、スサノオのプロフィールは一定していません。イザナギとイザナミの間に生まれたという話があり、イザナギの鼻から生まれたという話があり、イザナギがよそ見をしている時に生まれたという話もあります。

スサノオの活動領域も『日本書紀』を読む限り、天なのか海な

四方拝の図 『宮中三殿並三大祭典御圖』(1908 年) 所蔵＝京都大学附属図書館

のか根の国なのか一定していません。アマテラスは太陽、ツクヨミは月、という確固たる所在を持っていますがスサノオはそうではありません。

つまりスサノオは、日本という領域の出身である、ということの確固たる根拠を持っていないのです。

先に触れましたが、スサノオはイザナギから海を治めるように命じられますが従いませんでした。スサノオの行動は、《乱暴な神の物音》、《あらゆる物のわざわいがことごとく起こり》といったように表現され、アマテラスやツクヨミといった他の神々とは対照的な「悪魔」的な印象を持たされています。

善悪二元論が導入されて、悪として語られているのがスサノオです。だらしがなかったり失敗したりするにしても常に肯定的に書かれる他の神々とあまりにも対照的です。

つまり、スサノオはもともと日本の神ではないという可能性が高い、と言うことができるのです。

『古事記』には個人的な感情に身を委ねるスサノオの様子が書かれています。《長い髭が胸に垂れ下がる年ごろ》であるにもかかわらず、唐突に、母・イザナミに会いたいと駄々をこねます。

実はこの話の流れには、きわめておかしなところがあります。『古事記』においては、スサノオは、イザナギの鼻から生まれているのです。イザナミを母としているとは言えません。母とは言えないイザナミへの、子としてのスサノオの恋慕は、物語の筋としては破綻しています。そもそも、アマテラス、ツクヨミ、スサノオの三大神がイザナギ一神から生まれた、ということもおかしいのです。

もちろん、神話が不条理に満ちているのは当然のことでもあります。しかし、私は、『古事記』そして『日本書紀』に収録されている物語の不条理さには何らかの事実の反映がある、と考えています。

アマテラスとツクヨミはイザナギの目から生まれました。スサノオは鼻から生まれました。ここには大きな違いがあります。つまり『古事記』は、スサノオを別の人種として考えています。

ちなみに、文化人類学的には、イザナギは、明らかに、『記紀』の文面にはない他の意図をもってアマテラス、ツクヨミ、スサノオという存在をつくった、と理論立てすることができます。

アマテラスは、イザナギという男性神一神から生まれた男系の女性神です。アマテラスは今日の天皇家に続く男系の最初の神である、ということが文化人類学の観点から言えるのです。

科学的に読み解くスサノオのオイディプス・コンプレックス

江戸時代中期の学者・新井白石は著書『古史通《こしつう》』（1716年成立）の中で、神話を現実の人間の歴史として解釈することを試みています。私もまた同様に、日本神話は現実の人間の歴史的事実の反映であると考えています。

私は、『高天原は関東にあった　日本神話と考古学を再考する』（勉誠出版、2017年）や『日本の起源は日高見国にあった　縄文・弥生時代の歴史的復元』（勉誠出版、2018年）、『「国譲り神話」の真実　神話は歴史を記憶する』（勉誠出版、2020年）などの著書を通じて、高天原の物語は大和政権以前に現実に存在した日高見国の歴史の反映として描かれている、ということを検証しました。

『日本書紀』や『常陸国風土記《ひたちのくにふどき》』に登場する「日高見国」は、かつて縄文・弥生時代の時に、関東・東北を広く束ねた、日本列島を担う、日本の源郷と言うべき国家でした。このことは、前掲した私の著書に書いた通り、青森県の三内丸山《さんないまるやま》遺跡の本格的調査を

新井白石

三内丸山遺跡 ©pixta

はじめとする大集落型の縄文遺跡発掘、放射性炭素年代測定による遺物の年代の再調査、DNA解析と考古学の組み合わせによる文化伝播の再考、遺跡発掘調査から解析された縄文・弥生時代の日本列島人口分布の実態などから科学的に証明されることです。

こうした科学的な視点からスサノオを見ていきましょう。

スサノオは、男性神イザナギ一神からアマテラスとツクヨミとは別の系統として生まれました。ということは、現実的には、イザナギには複数の女性関係があり、スサノオはアマテラスとツクヨミの母とは異なる女性から生まれたということです。そして、スサノオの母は、日本人とは異質の渡来人系の女性であると考えられます。

イザナミがスサノオの母であるはずはありません。しかし『古事記』は、母親を求めるスサノオの強い願望を強調するためにイザナミの黄泉の国のエピソードをまず持ち出し、スサノオが母を恋慕する様子を記述しています。

ここには、女系社会に強く存在する「母性コンプレックス」を見ることができます。スサノオの場合、《ただ泣きわめ》き、《青山が枯山になるまで》《海や河は泣く勢いで泣きほしてしま》うまで泣き、スサノオが立てる《物音は夏の蠅が騒ぐようにいっぱいになり、あらゆる物のわざわいがことごとく起こ》るという凄まじいコンプレックスです。

イザナギは《たいへんお怒りになって、「それならあなたはこの国に住んではならない」と仰せられて追いはらって》しまいます。ここには、子・スサノオに圧力をかける父・イザナギの姿があり、駄々をこねる子・スサノオの父・イザナギへの反抗があります。

ジークムント・フロイト

「母性コンプレックス」と「父への反抗」は、現代の心理学・精神分析学の世界で「オイディプス・コンプレックス」という用語で概念化されています。ユダヤ人の精神分析学者ジークムント・フロイト（1856～1939年）が、ギリシア神話を題材にとったソポクレスのギリシア悲劇『オイディプス王』の内容からとった「子は母親を手に入れようと思い、父親に対して強い対抗心を抱く」という心理状態です。

【『オイディプス王』あらすじ】

テーバイの王ラーイオスとその妻イオカステーの間の子であるオイディプスは、後にラーイオスを殺すことになるという神託に従って赤子の時に追放される。後に成人したオイディプスはそれとは知らずに父・ラーイオスを殺害してしまう。オイディプスはスピンクス（スフィンクス）を倒すという偉業を遂げ、空位となったテーバイの王の座につき、王女・イオカステーを実の母と知らずに妻とし子供をもうける。不作と疫病の禍が続くテーバイを復興させるべく神託を受けると、ラーイオス殺害の穢《けが》れが原因だ、と出る。殺害事件を調査していくうちにオイディプス王は、あまりにも悲劇的な真実を知る。

オイディプスによるラーイオス殺害（ジョゼフ・ブラン画、1867 年作）

オイディプス王は父親を殺害して母親と結婚するという運命にあります。これにならってフロイトは、「男の子は三歳から六歳にかけて父親に敵意を抱き母親に愛情を求める性的願望をもっている」と分析しました。これが「オイディプス・コンプレックス」です。

このギリシア神話、「オイディプス王」の心理状態が、スサ

『オイディプスとスフィンクス』（ギュスターヴ・モロー画、1867年作）

ノオの心理状態に出ているわけです。そして、重要なのは、こうしたギリシア神話と日本神話との同調は決して偶然の一致ではない、ということです。

イザナギは死んだイザナミに会うために「黄泉の国」に出かけていきます。『古事記』および『日本書紀』に書かれている、いわゆる『黄泉の国神話』は、次のような物語です。

『黄泉の国神話』

（一）火の神を生んだイザナミが火傷《やけど》で死んでしまう。イザナギはイザナミを取り戻しに黄泉の国へ行く。

（二）イザナミは「すでに黄泉の国の食べ物を食べてしまったので戻れない。しかし黄泉の国の神々に相談してみる。それまで、私の姿を見ないで待っていてくれ」と告げる。

（三）待ちくたびれたイザナギは約束を破ってイザナミの様子を見てしまう。そこには腐敗して変わり果てたイザナミの姿があった。

（四）イザナミは激怒して、黄泉の国の軍隊を連れてイザナギを追いかける。イザナギは黄泉の国から脱出し、地上と黄泉の国の境目を大岩でふさぐ。

この神話は、『オルフェウスの冥界下り』と呼ばれるギリシア神話に酷似しています。

『エウリュディケを冥界から連れ戻すオルフェウス』。（ジャン＝バティスト・カミーユ・コロー画、1861年作）

『オルフェウスの冥界下り』

（一）竪琴の名手オルフェウスの妻エウリュディケが蛇にかまれて死んでしまう。オルフェウスはエウリュディケを取り戻しに冥界に行く。

（二）オルフェウスは冥界の神ハデスにエウリュディケを生き返らせるように頼む。ハデスは「生き返らせてやるが約束がある。地上に戻るまで、後ろを振り返ってあなたの妻の様子を探ってはいけない。

オルフェウスはその後、密儀宗教を創設、女性の入信を許さなかったうえ、エウリュディケ以外の女性に無関心であったため、トラキアの女性の怒りを買い、殺され死体を八つ裂きにされ川に投げ捨てられた。オルフェウスの頭部を描いたギュスターヴ・モローの『オルフェウス』。(1865年作)

約束を破れば、あなたの妻は戻れない」と言う。

(三)オルフェウスは、エウリュディケとともに冥界から地上へと通じる洞窟を歩く。オルフェウスは、ついてきているはずのエウリュディケの足音が聞こえないのが不安になり、後ろを振り返ってしまう。

(四)エウリュディケは約束を破ったオルフェウスを責めながら、ふたたび冥界へ消えていく。

ギリシア神話の発祥は紀元前15世紀まで遡ることができます。よく知られているホメロスの二大叙事詩『イーリアス』と『オデュッセイア』の成立や、ギリシア神話を体系的にまとめた詩人ヘシオドスの登場ですら、きわめて古く、紀元前8世紀頃です。

つまり、『黄泉の国神話』と『オルフェウスの冥界下り』の一致だけを取り上げてみても、「ギリシア神話を知っている者が、神話が生成される時代の日本列島にやって来ていた」という現実を十分に推測させるのです。

ユダヤに由来するスサノオという名前

スサノオは、まずその発音ありきの名前です。スサノオの漢字表記には複数が伝わっている、ということがその証拠です。『古事記』では建速《たけはや》須佐之男命、それを省略したかたちの速《はや》須佐之男命や須佐之男命、『日本書紀』では素戔男尊や素戔嗚尊、『出雲国風土記《いずものくにふどき》』など他の史書では神《かむ》須佐能袁命、須佐能乎命、須佐能袁尊などといった表記で伝わっています。

「建」(直立する、堂々と進む)、「速」(すみやか)、「須」(求める、必要とする)、「佐」(助ける)、「素」(基、もと)、「戔」(残り少ない)といった漢字が添えられたりしているのは、もともと口承で「スサノオ」と発音されていた名前に対して、スサノオが持つ特徴や価値、意味に関連する字を組み合わせたものだと考えられます。

たとえば『古事記』の「建速須佐之男命」は「速やかな建国を求め助ける神」という意味です。『日本書紀』では「スサ」に「素戔」という漢字があてられています。漢字においては「残りの者が（建国の）基になる」という意味です。

「スサ」がもともと意味するところについて、よく言われるのは、「スサ」＝「荒れすさぶ」です。スサノオは嵐の神でありその実体は暴風雨である、ということです。確かにスサノオは高天原で暴風雨のような破壊的な行為を繰り返しますが、「スサ」は「進（すす）む」という言葉と同根で、「勢いのままに事を行う」という意味だという説もあります。

私は先に、「日本の神話の神々については、東洋の神々の範囲に押し込めてしまうことなく西洋まで拡大した範囲において見るべきだ」と述べました。神々の名前についても同様です。「スサ」という言葉を、日本語の範疇《はんちゅう》、あるいはこれまでの神話学者の研究がそうであったように漢語や朝鮮語といった近隣諸国の言葉との関連だけで分析していてはいけない、と考えています。

私は、『発見！ユダヤ人埴輪の謎を解く』（勉誠出版、2019年）、『ユダヤ人埴輪があった！ 日本史を変える30の新発見』（扶桑社、2019年）、『日本神話と同化ユダヤ人』（勉誠出版、2020年）、『京都はユダヤ人秦氏がつくった』（育鵬社、2021年）、『日本とユダヤの古代史&世界史 縄文・神話から続く日本建国の真実』（茂木誠氏との共著、ワニブックス、2023年）などの著書で、古来、日本にユダヤ人が渡ってきていた可能性について研究・検証してきました。

私がまず注目したのは、人物埴輪と呼ばれている埴輪でした。3世紀後半から8世紀にかけて、日本では、古墳が盛んに造られました。歴史の教科書などはこの時代を、縄文時代、弥生時代に続くものとして、古墳時代と呼んでいます。

古墳は、位の高い者あるいは権力者の墓であるとされています。そして、古墳の頂きや墳丘の縁、周囲に掘られたお濠の堤などに並べられた素焼きの土製品のことを「埴輪」と言います。

考古学では、埴輪を大きく2種類に分けます。円形の筒をかたどった「円筒埴輪」と、人や家・動物・器などの生活具など具体的なものをかたどった「形象埴輪」です。人物埴輪は、形象埴輪のひとつです。

そして人物埴輪には、ユダヤ人をかたどったものとしか思えないものが多数見受けられます。帽子を被り、美豆良《みずら》をつけ、顎髭をつけています。まさにユダヤ人的な姿をした人物像です。美豆良とは、耳のところに束ねられた髪のことです。

みずらをつけた「埴輪 盛装の男子」群馬県太田市「四ツ塚古墳」出土 出典：国立文化財機構所蔵品統合検索システム

姫塚古墳から出土した武人埴輪
帽子を被り、美豆良（みずら）をつけ、顎髭（あごひげ）をつけている（画像提供・展示＝千葉県芝山町立「芝山古墳・はにわ博物館」所蔵＝芝山仁王尊 観音教寺）

ユダヤ人的な姿をした人物埴輪の存在は、少なくとも古墳時代の日本にユダヤ系の人々がいたことを端的に示しています。ちなみに、人物埴輪の分布には偏りがあり、数としては東国の地で圧倒的に多く出土しています。

先に挙げた著書で検証していますが、日本人が最も古くから接触していた外来の民族はユダヤ人でした。ユダヤ人は他の海外の民族よりずっと早く渡来し、日本列島という環境に同化し、日本人に同化していたのです。

そういうことであれば、日本人とユダヤ人の両民族の言語の比較はきわめて重要な研究素材となります。ヘブル語詩歌研究家・川守田英二氏の「大和言葉となったヘブル語」というテーマを含む『日本の中のユダヤ――イスラエル南朝二族の日本移住』（たま出版、１９９０年）

という著作や、知日家のユダヤ人歴史研究家ヨセフ・アイデルバーグ氏の『大和民族はユダヤ人だった――イスラエルの失われた十部族』（たま出版、1995年）および『日本書紀と日本語のユダヤ起源』（徳間書店、2005年）といった著作における日本とユダヤの言語比較はたいへん参考になりました。

また、日本とユダヤの言語比較の研究を現在も引き続きインターネットで展開している中島尚彦氏という研究者がおられます。中島氏は、南カリフォルニア大学、ペンシルベニア大学ウォートン校、フラー神学大学院の卒業で、音楽系ネット通販会社サウンドハウスを創業した実業家としても知られている人です。

中島氏の主宰するウェブサイト『日本とユダヤのハーモニー&古代史の研究』（https://www.historyjp.com/）から、私が興味深く思うところをいくつか紹介させていただきます。「日ユ同祖論」の立場に立っている点で中島氏と私とでは見解を異にするのですが、中島氏のヘブライ語の知識は豊富で、教えられるところが多々あります。

先に触れた、『日本書紀』における「スサ」に「素戔」を当てているのは「残りの者が（建国の）基になる」という意味もたせるためだ、というのは中島氏の見解によるものです。中島氏は次のように述べています。

《この「残りの者」の主旨は、もしかするとイスラエルから逃れてきた残りの民を意味し、最終的に東の島々にまで辿り着いた少数の渡来者のことを指していたかもしれません。イスラエル民族は国家を失ったときから、「残りの民」、「残りの者」が国家の再建を担うということが信じられるようになり、複数の預言書にも、神からの約束として明記されてきたのです。それ故、「残りの民」というコンセプトは、イスラエルの民にとっては極めて重要であり、その国家へ帰還する想いが、スサノオの「素戔」に込められている可能性があります》(『日本とユダヤのハーモニー&古代史の研究』)

紀元前七二二年、アッシリアの侵攻でイスラエルの北王国が滅亡し、その後に南ユダ王国も崩壊し、イスラエルの民は行方がわからなくなります。そして、中島氏が同ウェブサイトで述べている通り、《さまざまな資料を探ると、歴史から姿を消したイスラエルの民の多くは東方へ移住した可能性が非常に高い》のです。

また、《イスラエル民族は国家を失ったときから、「残りの民」、「残りの者」が国家の再建を担うということが信じられるようになり、複数の預言書にも、神からの約束として明記されてきた》というのは、イスラエル研究の専門家の間でもよく知られていることです。

中島氏は、「スサノオ」はヘブル語（ヘブライ語）で解釈できる、スサノオのルーツはイスラエル民族に関係する、としています。

《更に、「スサノオ」の名前自体をヘブライ語で解釈することができるとするならば、その名前のルーツにイスラエル民族の熱い想いが込められていることが、きっとわかるはずです。「スサノオ」はヘブライ語で、「スサ」と「ノハァ」の2つの言葉から成り立っている言葉と考えられます。「スサ」はsus、スサ（sus、スサ）であり元来、海カモメを意味した言葉です。その動きはとても機敏で速いことから、「とても素早い」というニュアンスも含む言葉です。それが英語ではSwiftとも訳され、「素早い」という意味でも使われている所以です。このスサ（スサ）には、実は「2輪戦車」を引く馬、英語でいうChariotの意味もあります。つまり、単に速いだけでなく、とても強靭なイメージを持つ言葉なのです。次にヘブライ語にはノハァ（nokhal、ノハァ）という、「新しい土地を得る」、「安住の地を相続する」、もしくは、「安息の地に辿り着く」という意味があります。これは正に、大陸を横断しながら新天地を探し求めたイスラエルの民に該当する言葉、そのものではないでしょうか。そして「スサ」に新しい土地を奪う、という意味のノハァ（nokhal、ノハァ）を足すとsus nokhal、スサノハァ（sus nokhal、スサノハァ）となり、「海カモメが新天地に辿り着く」、「素早く安住の地を得る」

という意味になります。これは、マヘル・シャラル・ハシ・バズ（獲物を急げ、早く奪え）の意味に類似していると考えられることから、スサノオとイザヤの子であるマヘル・シャラル・ハシ・バズには関連性があるだけでなく、もはや同一人物である可能性さえも簡単には否定できないのです》（前掲ウェブサイト『日本とユダヤのハーモニー＆古代史の研究』）

また、中島氏による、スサノオの兄弟神ツクヨミの解釈にも興味深いものがあります。

《更にスサノオだけでなく、同様に、兄の「ツクヨミ」の名前もヘブライ語で解釈することができます。まず、ツー（tsur、ツーァ）は「岩」を意味し、その言葉の背景には「神が岩となって民衆を助ける」というニュアンスが込められています。次にクヤム（kuyam、クヤム）という言葉があり、これは「果たす」、「成就する」です。すると合わせてクヤムツー（tsur kuyam、ツクヤム）という言葉になり、「岩なる神の救いが成就する」という意味になります。岩の神による救いが成し遂げられ、安住の地に入るということからしても、その言葉の背景には新天地を探し求めたイスラエルの民の存在があるようです。そして安住の地に入り平安が訪れることとは、月夜を眺め見るかのごとく、「月夜見」という文字が選別されたのではないでしょうか。

国家を失った大勢のイスラエルの民は、生きるために故郷の地を脱出しなければなりませんでした。そして多くがイザヤの言葉を信じ、大陸の遥か彼方に浮かぶ東の島々に、最終目的地があることを信じたのです。その神の選民とも言われるイスラエルの民が実際に大陸を横断し、日本へ渡来してきたと仮定するならば、記紀神話を聖書の預言と照らし合わせながら面白く読むことができます。また、大陸を経由して旅する無数の民とは別に、イザヤを中心とする先行部隊は、東の島々に新国家を樹立するために舟を用いて先行して旅立ち、事前に東の島々を巡り渡りました。そして十分なリサーチをしたうえで、見事に目的地である島々の基点となる場所を探し当てたのです。先行部隊には無論、イザヤの家族も含まれていました。その一行と共に海を渡ったのが、イザヤの子供らであり、その中にイザヤが預言した救世主がいました。イザヤの子、マヘル・シャラル・ハシ・バズこそ、建速須佐之男命、つまりスサノオノミコトであると考えられます。そしてスサノオは、姉のアマテラスに会うために高天原を訪れ、その後、出雲に向かい、そこでヤマタノオロチと一騎打ちを演じるのです。そしてスサノオの子孫であるオオクニヌシノミコトが、国を平定することになります。

こうしてイスラエル国家が滅亡してからおよそ60年後に、日本の皇紀が産声を上げました。

この60年という期間は、大陸を越えて東の島々まで到達したイスラエルの民が、新天地にて新しい国家を樹立するのに要した時間ではないでしょうか。イスラエルの滅亡と、日本の皇紀の始まりの時期がほぼ一致しているのは単なる偶然ではなく、歴史の流れに沿った史実だったのです。古代史のロマンはますます広がっていきます》（前掲ウェブサイト『日本とユダヤのハーモニー&古代史の研究』）

私は、ヘブル語と日本神話の関係に関する研究は、今後も大いに深化が期待される分野であると考えています。

スサノオのヘアスタイルとユダヤのルールの一致

スサノオの頭髪は常に「みずら」のスタイルでした。ヤマタノオロチからクシナダヒメを守るために、スサノオはクシナダヒメを櫛《くし》に変えて自らの「みずら」に挿して隠した、と『古事記』に書かれています。

「みずら」は漢字では美豆羅、美豆良、角髪などと書かれます。頭の額の中央から頭髪を左右に分け、耳のところでひと結びしてから、その残りを8字形に結んで両耳の脇に垂らす頭髪のスタイルです。

興味深いのは、アマテラスが、この「みずら」を、戦う時に整える戦士の印だと考えているらしいということです。スサノオが、母のいる「黄泉の国」に行こうと考え、その前に姉であるアマテラスに会って挨拶をしたいと思い、アマテラスのいる高天原に向かったことはアマテラスにとっては有事でした。『古事記』は次のように書いています。

《「私の弟君が上って来るわけは、きっと善良な心からではあるまい。私の国を奪おうと思って来るのに違いない」と仰せられて、直ちに御髪を解いて角髪《みずら》に束ね、左右の御角髪にも御鬘《かずら》にも、左右の御手にも、みなたくさんの勾玉を貫き通した長い玉の緒を巻き付け、背には千本も矢の入る靫《ゆき》をお着けになり、弓を振り立てて、堅い地面を股まであわゆき没するほど踏み込み、沫雪のように土を蹴散らかして、雄々しく勇ましい態度で待ちうけ、問いかけて「どういうわけで上って来たのか」とお尋ねした》（『古事記全訳注』次田真幸、講談社）

高天原に上って来るスサノオの姿は異様でした。歩くごとに山が揺れ川の水が溢れました。アマテラスはスサノオが高天原を占領するためにやって来たと判断して臨戦態勢をとります。アマテラスは、《直ちに御髪を解いて角髪に束ね、左右の御角髪にも御鬘》を付けて男装し武装しました。

このことは、『日本書紀』にも同様の記述があります。

《「わが弟のやってくるのは、きっと善い心ではないだろう。思うにきっと国を奪おうとする志があるのだろう。父母はそれぞれのこどもたちに命じてそれぞれの境を設けられた。何で自分の行くべき国を棄てておいて、わざわざこんな所に来るのか」といわれ、髪を結いあげてみずらとし、裾《すそ》をからげて袴《はかま》とし、大きな玉を沢山緒に貫いたものを、髪や腕に巻きつけ、背には矢入れ、腕には、立派な高鞆《たかとも》をつけ、弓弭《ゆはず》を振り立て、剣の柄を握りしめ、地面をも踏みぬいて、土を雪のように踏み散らし、勇猛な振舞いときびしい言葉で、素戔鳴命（スサノオ）を激しく詰問された》（前掲書『全現代語訳日本書紀』）

これは明らかに臨戦態勢にある、武装したアマテラスの姿です。先に述べた武人埴輪と呼ばれる人物埴輪の中に数多い、帽子をかぶらずに「みずら」だけをつけた埴輪の様子と一致します。

アマテラスの「みずら」にまつわる話は、アマテラスとスサノオの「誓約」の場面でも出てきます。『古事記』には次のように書かれており、「みずら」が単なる装飾ではなく、神を生む重要な役割を持っていることもわかります。

《そこで天照大御神が仰せられるには、「それでは、あなたの心が潔白で邪心のないことは、どのようにして知るのですか」と仰せられた。これに答えてスサノヲノ命は、「それぞれ誓《う》約《けひ》をして子を生みましょう」と申し上げた。こうして二神が天の安河《やすのかわ》を中にはさんで、それぞれ誓約するとき、天照大御神がまずタケハヤスサノヲノ命の帯びている十拳剣《とつかつるぎ》を受け取って、これを三つに折り、玉の緒がゆれて玉が音を立てながら、天の真名井《まない》の水に振り濯《すす》いで、これを噛みに噛んで砕き、吐き出す息の霧から成り出た神の御名は、タキリヒメノ命、またの御名はオキツシマヒメノ命という。次に成り出た神はイチキシマヒメノ命、またの御名はサヨリビメノ命という。次に成り出た神はタキツヒメノ命である。

ハヤスサノヲノ命が、天照大御神の左の角髪に巻いておられる、多くの勾玉《まがたま》を貫き通した長い玉の緒を受け取り、玉の緒がゆれて玉が音を建てるほど、天の真名井の水に振り濯いで、これを噛みに噛んで砕き、吐き出す行きの霧から成り出た神の御名は、マサカツアカツカチハヤヒアメノオシホミミノ命である。また右の角髪に巻いておられる玉の緒を受け取って、これを噛みに噛んで砕き、吐き出す息の霧から成り出た神の御名は、アメノホヒノ命である。また御鬘《みかずら》に巻いておられる玉の緒を受け取って、噛みに噛んで吐き出す息の霧から成り出た神の御名は、アマツヒコネノ命である。また左の御手に巻いておられる玉の緒を受け取って、噛みに噛んで吐き出す息の霧から成り出た神の御名は、イクツヒコネノ命である。また右の御手に巻いておられる玉の緒を受け取って、噛みに噛んで吐き出す息の霧から成り出た神の御名は、クマノクスビノ命である。合わせて五柱の神である。

そこで天照大御神が、ハヤスサノヲノ命に仰せられるには、「この後で生まれた五柱の男の子は、私の物である玉を物実《ものざね》として成り出た神である。だから当然私の子です。先に生まれた三柱の女の子は、あなたの物である剣を物実として成り出た神である。だからつまりあなたの子です」と、このように仰せられて区別なさった》(『古事記全訳注』次田真幸、講談社)

スサノオは、アマテラスが左の「みずら」に巻いていた勾玉を噛み砕き、また、右の「みずら」につけていた玉を噛み砕いて霧を吐き出し、神々を生じさせていきます。「みずら」には大事な勾玉や玉が巻き付けられているのです。

姫塚古墳から出土した埴輪（左　所蔵＝芝山仁王尊 観音教寺　展示＝芝山町立芝山古墳・はにわ博物館）、ユダヤ教徒（右）

私は、日本国史学会発行の『日本国史学』第一四号（二〇一九年）に寄稿した《ユダヤ人埴輪をどう理解するか：関東にあった「秦王国」》という論文の中で、ユダヤ人埴輪の特徴は何よりもまず「みずら」にある、と指摘しました。

「みずら」こそは、ユダヤ人の印です。一般的には新約聖書と呼ばれるものと旧約聖書と呼ばれるものとを合わせて「キリスト教の聖書」と呼びますが、正確に言えば聖書には「ユダヤ教の聖書」と「キリスト教の聖書」の二種類があり、ユダヤ教の聖書がいわゆる「旧約聖書」と言われているものにあたります。そして、「旧約聖書」の3番目の記である「レヴィ記」に、次のような記述があります。

《あなたがたの頭の鬢《びん》の毛をそり落としてはならない》

（『旧約聖書』「レヴィ記」19：27）

「鬢の毛」とは耳ぎわの髪の毛のことです。まさに「みずら」のことであり、みずらをたくわえることは、ユダヤ人であることのアイデンティティのひとつです。ユダヤ教徒が「古代」から守り続けているユダヤ教徒固有の髪型です。

そしてスサノオの頭にはこの「みずら」があるのです。

渡来ユダヤ人によるスサノオのプロフィール

角髪（みずら）©kinako

実は、日本では「みずら」の頭髪スタイルは、7世紀後半に天武《てんむ》天皇によって廃止されます。角髪禁止です。通説では「みずら」は日本独自の髪型だとされていますが、天武天皇による禁止は、むしろ、「みずら」は日本古来のものではないことを物語っています。

縄文時代の遺物に人の形を表した土偶がありますが、土偶にこのような髪型はありません。渡来系の弥生人がやって来る頃から、この髪型が現れ始めます。

通説では、渡来系の弥生人は、中国の漢民族、また、朝鮮半島の百済ないし新羅から渡ってきた民族であるとされています。しかし、中国にも朝鮮半島にも、「みずら」のある髪型を示すような絵画も、記述・記録も残されていません。

それでは、「みずら」をつけた人々はどこから日本にやって来たのでしょうか。

たいへん興味深いことに「みずら」をつけている人物が中央アジアの仏教壁画に現れているのです。新疆《しんきょう》ウイグル自治区のトルファン郊外にあるベゼクリク石窟寺院に施された壁画で、石窟自体の始まりは6世紀頃と見られています。

ベゼクリク石窟寺院の壁画に見える「みずら」をつけている人物

描かれている人々は中央アジアのオアシスの農耕民族・ソグド人だと考えられています。鬢の毛をそのまま長く残しています。まさに「みずら」であり、ユダヤの言う、切ってはならない「鬢の毛」です。

トルファンおよびその周辺地域は様々な民族、高車や突厥《とっけつ》、烏孫《うそん》、エフタルといった種族が入り乱れていたようです。しかし、ソグド人と考えられているこの壁画の人物は、他の像と違い、鬢の毛を伸ばす、つまり「みず

ラクダに乗って演奏する胡人（ソグド人）の像。唐代の陶磁器。ソグド人は中央アジアのザラフシャン川流域地方に住んでいたイラン系（ペルシア系）のオアシスの農耕民族と言われる

ら」のスタイルをしています。明らかにユダヤ人系だと考えられるのです。

この壁画の「みずら」の人物像と、千葉県千葉市の人形塚古墳、そして島根県松江市の島田一号墳から出土した人物埴輪を並べてみると、その類似性が見えてきます。つまり、「みずら」は、中国の漢民族や朝鮮半島の民族から伝わったものではない、ということになります。

実は、中国にも一部、「みずら」のある人物画があります。中国には、時々の王朝に対して周辺諸民族が来朝する様子を文章とともに記録した「職貢図《しょくこうず》」と呼ばれる絵画が残されているのですが、中国の南北朝時代、江南の地域に興っていた梁《りょう》という王朝が５２０年代に残した職貢図に、「みずら」をつけている人物像があるのです。

職貢図ですから、これは漢人の人物画ではありません。添えられている文章には、鄧至《とうし》か

6世紀南朝梁元帝の職貢図の模写。鄧至からの使節

らの使節である、と書かれています。鄧至とは、当時、羌《きょう》族が立てていた政権です。

羌族は北方系の遊牧民族です。西羌《せいきょう》とも呼ばれる、中国の歴史では最も古くから登場する部族のひとつです。

「羌」という文字は、漢字の元となった殷《いん》代の甲骨文にも見えます。一説では、殷（紀元前17世紀頃～紀元前1046年）の時代、祖先祭祀を中心とする殷王朝の祭祀において人身供犠《くぎ》の対象とされていた民族だったといいます。羌族は、西方から中国へやって来ていたユダヤ人系の種族でした。

アフガニスタンの南東部、カンダハール北西にあるムンディガク遺跡では、紀元前1500年頃のものと見られる、「みずら」をつけた人物像が発見されています。今から約3500年前には、アフガニスタン付近にすでにユダヤ人が入り込んでいた、ということになります。

ユダヤ人は紀元前2000年頃にメソポタミアのウルの地からカナンの地（現在のイスラ

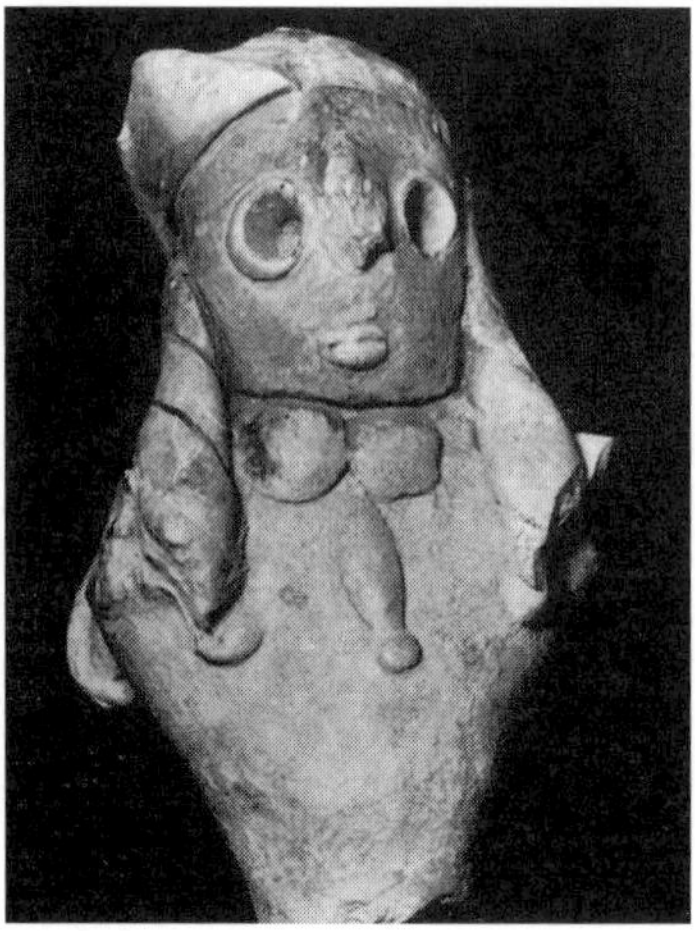

アフガニスタンのカンダハール州ムンディガク遺跡で発見された像：焼いた粘土。紀元前3000年

エル・パレスチナ付近）に移住して遊牧生活を営み、紀元前1500年頃には大飢饉に遭って古代エジプトに集団移住したとされています。しかし、その頃、ユダヤ人たちは、遊牧生活を営みながらすでにユーラシア大陸を横断していたと考えられます。

「みずら」のスタイルは、ユダヤ人の間では「ペイオト」と呼ばれています。両耳の前の毛を伸ばしてカールさせるスタイルです。ユダヤ人は、「みずら」を民族の印としており、それが世界の各地に残っているということです。

シルクロードは、交易によって生き延びることを選んだユダヤ人が整備したものだという説もあります。壁画や絵画、人物像など「みずら」のスタイルを持つ人々がいた痕跡は、シルクロードの街道筋に多いこともわかります。

まとめておきましょう。

ユダヤ人がその髪型（ペイオト）を自らの特徴を示すものとして旧約聖書で規定している

「みずら」は、古墳時代の日本の人物埴輪でも確認されています。つまり、当時、ユダヤ人系の渡来人が日本にやって来ていた、ということです。

そして、関東・東北の人物埴輪の髪型に見られる「みずら」の伝統は、先に述べたベゼクリク石窟寺院の壁画、中国の職貢図、ムンディガク遺跡などの事実からわかる通り、中央アジアにおいてずっと保持されていたものです。

嘆きの壁にいる若いユダヤ人たち。ペイオト（両耳の前の毛を伸ばしてカールさせる）がみえる ©AWL Images／アフロ

神話の世界において、スサノオが「みずら」をつけ、また、アマテラスも有事に「みずら」をつけています。これはつまり、ユダヤ系の渡来人・帰化人が神話の記述に影響を与えている、ということに他なりません。

ユダヤ系の渡来人・帰化人の中で、特に注目しておかなければならないのが秦氏です。

秦氏は、応神天皇の時代に弓月《ゆづき》国から百二十県の人々を率いて渡来したと『日本書紀』に記されている、弓月君を祖先とすると言われる氏族です。雄略天皇の時代には、畿内の秦氏が、土木・灌漑技術を生かした水田開発、養蚕などの事業を背景に財力を築き、全国の秦部や、秦人部などの氏族を組織化して統括しました。

秦氏は平安京の造成および遷都実現に功績があったとされ、また、日本の神社の大半をつくったとされています。なお、秦氏がユダヤ系であると言える理由とその検証については、前掲の『発見！ユダヤ人埴輪の謎を解く』で明らかにしてあります。

ユダヤ人埴輪では鬢は下に垂れていますが、日本においては、それを結い上げて耳の前で丸く束ねるスタイルとなりました。垂れるかたちの「ペイオト」が、日本的な「みずら」の一要素となっています。アマテラスは、スサノオとの戦闘を予期して、その準備として、丸く束ねる「みずら」を装います。

武人埴輪とも呼ばれる人物埴輪は腰に剣を差しています。これは西方からやって来た武人のスタイルです。そして、その髪型は「みずら」でした。「みずら」を禁止した天武天皇以前は、このスタイルが日本の戦士の服装・姿として一般化していたのです。

なお、スサノオに対するアマテラスの武装は、男性武人の模倣です。アマテラスは日常的に「みずら」をつけていたわけではありません。

したがって、アマテラスがユダヤ人的な性格を持っているとは言えません。アマテラスの性格は、あくまでも太陽神らしい、自然神としてのおおらかさを主とします。それが本来の日本人らしさであると言うことができるのですが、いざ戦うとなれば、渡来ユダヤ人によって輸入された遊牧民的な方法をも活用して戦う、ということになるわけです。

スサノオはユダヤ人渡来の第1波

通説では、紀元前2000年頃にメソポタミアのウルの地からカナンの地(現在のイスラエル・パレスチナ付近)に移住して遊牧生活を営み、紀元前1500年頃には大飢饉に遭って古代エジプトに集団移住したとされているユダヤ人は、その頃にはすでに、遊牧生活を営みながらユーラシア大陸を横断していました。つまり、太陽の昇る東方を目指して日本列島へ向かっていたのです。

武人埴輪の存在によって明らかな古墳時代におけるユダヤ人の渡来は、『記紀』に書かれている記述の内容からもわかる通り、日本神話の編纂に影響を及ぼしました。つまり、『日本とユダヤの古代史&世界史　縄文・神話から続く日本建国の真実』でも述べた通り、次のように古来5つあったユダヤ人渡来の波の歴史的事実を『記紀』に反映させたのです。

第1波　紀元前13世紀　出エジプト／縄文時代・日高見国・スサノオ
第2波　紀元前722年以降　アッシリア捕囚と失われた10支族／日本建国
第3波　紀元前3〜2世紀　秦の始皇帝・徐福と3千人／秦氏各地に渡来
第4波　3〜4世紀　弓月国から秦氏2万人／応神天皇が受け入れ
第5波　エフェソス公会議・ネストリウス派／蘇我氏

アマテラスやツクヨミとはまったく異なる性格描写と容姿描写がなされ、海を司るよう命じられながらも駄々をこねて拒み、星の神となることもなく、狼藉を働いて高天原を追放され、出雲に降り立つスサノオの物語は、日本に渡来した第1波ユダヤ人たちの日本列島における歴史的事実の反映です。

そして、これとまったく同じ構図が山幸彦と海幸彦の関係およびその神話にあります。山幸海幸神話は、縄文時代から日本列島に居住する日高見国系・高天原系の山幸彦と渡来ユダヤ系の海幸彦との間の確執と渡来ユダヤの日本同化の物語であり、ユダヤ人渡来の5つの波の、第1波から第2波の間の歴史的事象の記録なのです。

『古事記』に描かれた山幸彦と海幸彦

『日本書紀』では、海幸山幸の兄弟が話し合う中で互いの道具を交換してみようということになるのですが、『古事記』では、山幸彦が海幸彦に道具の交換を提案します。兄の海幸彦は三度断りますが、結局、少しの間だけ交換することになります。

これは、日高見国系・高天原系つまり日本人の山幸彦が一方的に、ユダヤ人系の海幸彦に対して、友好の印として、道具の交換および仕事の共有を提案したことを意味しています。

山幸彦は兄の釣針で魚を釣ろうとしましたが一匹も釣れません。しかも兄の釣針を海に失くしてしまいます。

一方、兄の海幸彦も獲物をとることができません。ただし、兄の海幸彦が弟の山幸からどんな道具を借りたのかは『古事記』では明らかにされていません。『日本書紀』では、海幸彦は山幸彦から「弓矢」を借りています。

兄の海幸彦がこう言います。

《山幸もおのの幸々《さちさち》。海幸もおのの幸々《さちさち》。今はおのもおのも幸返さむ》

［訳］《山の獲物も海の獲物も自分自身の道具でこそだ。いまお互いの道具をもとどおりにしよう》（前掲書『新訂古事記』）

山幸彦は釣り針を失くしてしまったことを告白します。海幸彦は弟の山幸彦を責め立てます。山幸彦は自分の剣を壊して500本の釣り針を用意しますが、兄の海幸彦は受け取りません。1000本の釣り針を作って渡そうとしても受け取りません。「もとの釣り針を寄こせ」と言うばかりでした。

海幸彦の一連の言動は、ある程度は理解できます。道具の交換に当初は反対していたのですから、釣り針を失くされた怒りも当然でしょう。

しかし、海幸彦は、海の漁の専門家です。山幸彦に貸した釣り針がたとえいくら特殊なものであったとしても、その才覚と技術で釣り針そのものについてもいくらでも取り返しがつくはずです。つまりここには、山幸彦に対する海幸彦の「悪意」が見られます。積年の悪意と言ってもいいかもしれません。

これは、『旧約聖書』の、特に「創世記」に頻繁に見られる兄弟の諍《いさか》いのモチーフを借りたものだと言うことができるでしょう。アダムとイブの子であるカインが嫉妬から弟のアベルを殺してしまう(創世記4:3−15)ことに始まり、アブラハムの子の腹違いのイサクとイシュマエルの諍い、イサクの双子の子であるエサウとヤコブの兄弟の生誕から直ちに始まる対立など、創世記には殺人にまで発展しようという兄弟喧嘩のエピソードが詰め込まれています。

海幸彦の山幸彦に対する言いがかりは、そこにいる正当性と存在基盤を持たない外来の存在が難題を持ちかけて攻撃する機会を得る、という多分に大陸的な戦術的行為です。

なにせ大海の中に釣り針を失ったのですから探し出すことなどはまず不可能です。山幸彦は難題を抱えて海辺で苦しみますが、そこに塩椎神がやって来て、山幸彦の悩みを聞きます。

塩椎神は、宮城県塩竈市にある鹽竈《しおがま》神社の主祭神として知られています。東北という土地に祀られていることからも推察できますが、塩椎神は縄文以来の日高見国系・高天原系の神です。つまり、塩椎神は、もとは関東・東北にいたものが、ニニギの天孫降臨に同行して九州にやって来ているのです。

山幸彦が事情を話すと、塩椎神は隙間なく籠を編んで小船を造り、山幸彦を乗せ、綿津見《わたつみの》神《かみ》(海神)の宮殿へ行くように言いました。綿津見神の宮殿に着き、しばらく待っていると、海神の娘であるトヨタマヒメの侍女が水を汲みに宮殿から出てきます。

侍女が水を汲みに出てくること、また、山幸彦が桂の木に上って待つことから、海神の宮殿は海中にあるわけではなく、島の上に建てられていることがわかります。山幸彦が九州の海辺から小舟で出発し、たどり着いた南海の島に海神の宮殿があった、ということです。

山幸彦は、侍女に水を求めます。りっぱな様子の男なので、侍女は水を器に入れて差し出します。山幸彦は、水は飲まず、首にかけていた玉を口に含んで器に吐き入れます。すると不思議なことに玉が器にくっついて離れなくなります。侍女は、その玉のついた器をトヨタマヒメに届け、尊い様子の方が桂の木の上におられる、と報告します。

トヨタマヒメは山幸彦に一目惚れします。父である海神も出てきて、山幸彦を見るなり、次のように言って宮殿に迎え入れます。

《「この人は、天つ日高《ひこ》の御子、虚空《そら》つ日高《ひこ》なり」》（前掲書『新訂古事記』）

「天つ日高の御子」とは天上の神の子、つまり天孫の子。つまりニニギの子という意味です。

「虚空つ日高」とは、天上と地上をつなぐ役目の神といった意味です。

「ひこ」という音に「日高」という漢字が当てられているのはたいへん興味深いところです。山幸彦は「日高見国」という現実にある国から来た神であると認識されている、と言って間違いないでしょう。

争う姿勢を見せるユダヤ系の海神

海神は山幸彦をトヨタマヒメ（豊玉毘売命）と結婚させます。そして山幸彦は海神の宮殿で3年間暮らします。

山幸彦はある日、海神の宮殿にやって来たそもそもの理由を思い出し、深い溜め息をつきます。海神が溜め息の理由を尋ねるので、事情を話します。海神が海という海から魚たちを集めて調査をした結果、赤鯛の喉に引っかかっているとわかり、兄の釣り針は無事回収できました。

海神は、釣り針と鹽盈珠《しほみつたま》、鹽乾珠《しほふるたま》を山幸彦に差し出し、進んで兄の海幸彦への対抗策を伝授します。「あらすじ」でも紹介した通り、非常に筋道の立った戦術なのですが、釣り針を渡す時に海神が言った言葉は、たいへんに興味深いものです。

《「この鉤《ち》（釣針）をその兄に給う時に、のりたまはむ状は、この鉤は、淤煩《おぼ》鉤《ち》、須々《すす》鉤《ち》、貧鉤《まぢち》、宇流《うる》鉤《ち》といひて、後手に賜へ」》

［訳］《「この釣を兄様にあげる時には、この釣を貧乏釣《びんぼうばり》の悲しみ釣《ばり》だと言って、うしろ向きにおあげなさい」》（前掲書『新訂古事記』）

「淤煩鉤」は「憂鬱になる釣針」、「須々鉤」は「心が落ち着かなくなる釣針」、「貧鉤」は「貧しくなる釣針」、「宇流鉤」は「愚かになる釣針」という意味です。

これらは、呪いの言葉です。釣針を返す時に、兄の海幸彦が不幸へと向かうよう呪いをかけて渡せ、と海神は言っているのです。

視点を変えると、「鉤」にかかっている「おぼ」「すす」「まぢ」「うる」という言葉から、縄文時代の人々がこうした心理的概念を確実に持っていた、ということもわかります。

私は、海神は間違いなくユダヤ人系だろうと考えています。兄弟であっても争う、殺し合うという民族的事情を背景にして、兄の海幸彦は難題を持ちかけて攻撃する機会を得るという策略に出ました。これに対して海神は、和解策ではなく、徹底抗戦の策略を山幸彦に授けます。

『古事記』は、稗田阿礼《ひえだのあれ》という舎人《とねり》（皇族や貴族に仕える下級官人）が口述したものを貴族の太安万侶《おおのやすまろ》がまとめたものと序文に書かれていますが、稗田阿礼は、その不思議な語感の名前、また、知見、記憶力などの能力の高さを見てもユダヤ系であると考えられます。言語的にも、稗田＝ファダ＝ユダの一致がここにはあります。策略に策略が重ねられていくストーリー展開は、ユダヤ系の稗田阿礼ならではの語り口あるいは書き口でしょう。

海神は続けて、山幸彦に次のようにアドバイスします。

《「そして兄様が高い所に田を作ったら、あなたは低い所に田をお作りなさい。兄様が低い所に田を作ったら、あなたは高い所に田をお作りなさい。そうなすったらわたくしが水を掌っておりますから、三年の間にきっと兄様が貧しくなるでしょう。もしこのようなことで恨んで攻め戦ったら、潮の満ちる珠を出して溺らせ、もしたいへんにあやまってきたら、潮の乾《ひ》る珠を出して生かし、こうしてお苦しめなさい」》（前掲書『新訂古事記』）

海神は、海神たる力をもって潮の満ち引きを操って山幸彦の方の水田を豊かにし、海幸彦を貧しくする、つまり、山幸彦に味方する、と言っているわけです。海神はユダヤ系であり、山幸彦に敵対する海幸彦もユダヤ系であるわけですが、ユダヤは決して一枚岩ではありません。現代に、「ユダヤ人が2人集まると3つの党ができる」と言い伝えられているほどです。

海神は、天孫に準じるほうが得であると判断した、つまり、すでに日本に同化し終えているユダヤ系である、と言うことができるでしょう。一方、海幸彦は、まだ抗う意思を持っている、征服ないし支配の欲望を捨てていないユダヤ系である、と言えるはずです。

縄文の民族性にそぐわない海幸彦

海神は和邇《わに》（通説ではサメを指すとされている。船舶を意味しているという説もある）を調達して、山幸彦を九州に送り返します。山幸彦を乗せた和邇は、後に佐比持神《さいもちのかみ》と呼ばれるようになります。

山幸彦は兄の海幸彦に対して、海神にアドバイスされた通りに作戦を実行します。海幸彦の田には水が行き渡らず貧しくなって、山幸彦を攻めてきます。山幸彦は潮盈珠と塩乾珠を使って海幸彦を翻弄し、悩み苦しませます。

ついに兄の海幸彦に頭を下げさせ、《わたくしは今から後、あなた様の昼夜の護衛兵となってお仕え申し上げましょう》と言わしめます。

そもそもの対立の発端、大海で小さな釣り針1本を探させるという難題を突きつける海幸彦の意地悪さと冷酷さは、戦争をしなかった縄文時代1万年以上の日本人的な心情、和を尊ぶ大和民族の心情に必ずしも合致しないのは明らかです。海幸彦の言動は、『旧約聖書』に描かれている、そもそも生きることが厳しく、食うこと自体も厳しい民族の血のなす業だと考えるべきでしょう。

山幸彦とトヨタマヒメを祀る青島神社は縁結び、海上安全の神様として親しまれている。青島神社の鳥居と鬼の洗濯板（宮崎市）©pixta

山幸彦の妃となったトヨタマヒメは、神武天皇の祖母にあたります。トヨタマヒメが生んだウガヤフキアエズとその妃タマヨリヒメの間に生まれたのがイワレビコ、つまり後の神武天皇です。

トヨタマヒメと妹・玉依日売（タマヨリヒメ）（1826 年作）

タマとは「玉」であり「魂」のことです。トヨタマヒメもタマヨリヒメも「神霊が依り憑く巫女《みこ》」と考えられます。大物主神（オオモノヌシ）の妻である活玉依毘売（イクタマヨリビメ）や、『山城国《やましろのくに》風土記《ふどき》』逸文に見えるトヨタマヒメの妹・玉依日売（タマヨリヒメ）などに見られるように、名前に「玉」を持つ者は神と通婚する巫女的神性を持つとされています。

ちなみに、宮崎県日南市にある宮浦神社はタマヨリヒメの住居跡とされています。また宮崎県日南市にはタマヨリヒメの陵墓であると伝えられる場所があります。神奈川県鎌倉市にある龍口明神社は龍神を束ねる海神族の祖先・五頭竜《ごずりゅう》大明神を祀っていますが、五頭竜大明神と並んでタマヨリヒメもまた、龍神・祭神として祀られています。

トヨタマヒメが天神の子を海の中で産むわけにはいかないとして山幸彦の元にやって来る話は、さも海神の宮殿が海中にあることを思わせます。しかし、侍女の水汲みの件、山幸彦が上った桂の木の件を考えれば、やはり日本列島の南海の諸島、琉球諸島の島の一つにあるのは間違いのないことでしょう。私は、一貫して、日本神話は常に現実の日本列島のあり方に依拠して読むべきだと考えています。

トヨタマヒメは、浜辺に建築中の産屋の屋根に茅草がわりの鵜の羽を葺き終えないうちに産気づきます。トヨタマヒメは、《すべて他国の者は子を産む時になれば、その本国の形になって産むのです。それでわたくしももとの身になって産もうと思いますが、わたくしを御覧遊ばしますな》と山幸彦に伝えます。

楽園から追放されるアダムとイブ（ギュスターヴ・ドレ画、1865年作）

ここには、タブーをつくってそれに反したものを罰する、という発想があります。アダムとイブが禁断の木の実を食べて楽園から追放されるという発想と似ているというべきでしょう。トヨタマヒメは海神の娘であり、ということはやはりユダヤ系なのです。

山幸彦はどういうことなのか意味がわからず不思議に感じ、思わず産屋の中を覗いてしまいます。トヨタマヒメは八尋和邇《やひろわに》に姿を変え、腹を地につけて蛇のごとくうねっていました。山幸彦は恐れ驚いて逃げ出しますが、これは、イザナギとイザナミの「黄泉の国神話」のパターンでもあります。

トヨタマヒメは山幸彦に覗かれたことを恥じて、生まれた子を置いて海に帰ってしまいます。生まれた御子が天津日高日子波限建鵜葺草葺不合命《あまつひこひこなぎさたけうがやふきあへずのみこと》、つまり、神武天皇の父となるウガヤフキアエズです。

トヨタマヒメは、山幸彦が覗いてしまったことを恨みながらも、御子を養育するために妹のタマヨリヒメを遣わします。

トヨタマヒメは妹に、山幸彦宛の歌を託しました。トヨタマヒメが詠んだ歌、そして山幸彦が返した歌は次の通りです。

「トヨタマヒメ」

赤玉は　緒さへ光れど　白玉の　君が装し　貴くありけり

（赤い玉は緒までも光りますが、白玉のような君のお姿は貴いことです）

［山幸彦］
奥つ鳥　鴨著く島に　我が率寝し　妹は忘れじ　世の尽に
（水鳥の鴨が降り着く島で契りを結んだ私の妻は忘れられない。世の終わりまでも）

ここには、日本人古来の、罪の穢れを清め交わす「お祓い」の発想があります。トヨタマヒメと山幸彦は罪を許し合い、愛しさを言い交わして和の関係に至ります。ことトヨタマヒメに関して言えば、ユダヤ人的な発想をすでに克服している状態をここにも見ることができるでしょう。

山幸彦とトヨタマヒメの子、ウガヤフキアエズの漢字表記の中に「天津日高日子」という文字が見えます。アマテラスからの系図において、ウガヤフキアエズは、天津＝高天原＝日高見国系の日子＝日（太陽）の子、という確かな血のつながりがあることを感じさせる表記です。天孫降臨したニニギからイワレビコ（神武天皇）に至る間の3代目の系譜に由来がしっかりと示されていることとは、『古事記』には歴史的記述としての一貫性があることの証拠でもあります。

『日本書紀』の中の山幸彦と海幸彦

『日本書紀』では、山幸彦と海幸彦が何を交換したか、明確に書かれています。

《兄は後悔して弟の弓矢を返し、自分の釣針を返してくれといった》（前掲書『全現代語訳日本書紀』本文）

『日本書紀』では、道具を交換する提案は、兄弟が話すうちに互いに自然に合意されたものとなっています。こうした細かい違いはありますが、『日本書紀』の海幸山幸神話の内容は、『古事記』のそれとほぼ同じです。

ただし、部分的に興味深い違い、あるいは『日本書紀』ならではのディテールがあるので、重要なところをお話ししていきましょう。

まず、山幸彦が海神の宮殿に向かう乗り物が微妙に異なっています。『古事記』では塩椎神である『日本書紀』の塩土老翁《しおつちのおじ》は、山幸彦のために、次のような乗り物を用意します。

《無目籠《まなしかたま》を作って、彦火火出見尊（山幸彦）を籠の中に入れ海に沈めた》（前掲書『全現代

語訳日本書紀（上）』本文）

船ではなく、人が入れる大きさの、目の詰まった籠です。言ってしまえば潜水艦のようなものです。

海中に沈められた山幸彦はひとりでに、「可怜《うまし》小汀《おはま》（美しい小さい浜）」に着きます。そして、籠を捨てて出ていくと、たちまち海神の宮に到着します。

つまり、『古事記』と同様、海神の宮は海中に存在するものではありません。到着した浜を歩いていき、海神の宮に到着しています。

《その宮は立派な垣が備わって、高殿が光り輝いていた。門の前に一つの井戸があり、井戸の上に1本の神聖な柱の木があり、枝葉が繁茂していた》（前掲書『全現代語訳日本書紀（上）』本文）

山幸彦は、とある島にたどり着いて美しい宮殿を見た、ということになります。海神の住む場所は、島の上です。中世室町時代に盛んに作られた『御伽草子《おとぎぞうし》』の浦島伝説では龍宮は島の陸地にあるものとする設定も見られますが、今に伝わる浦島伝説では、龍宮はおしなべて海中にあります。

浦島伝説の大元である山幸彦と海幸彦の神話では、海神の宮、つまり龍宮は、幻想的な海中などではなく、現実的な島の陸上にありました。

茨城の鹿島から鹿児島に天孫降臨したニニギの子である山幸彦は、歴史的事実として明らかに、海に出て日本列島の南海へと進んだのです。そこにあるのは、もちろん琉球諸島でした。

琉球諸島のとある島に海神の宮＝龍宮があったことはほぼ間違いありません。そして、そうであるならば当然、山幸彦の時代、琉球には渡来ユダヤ系の人々が暮らしていたのです。

第二章

注目すべき龍宮＝琉球という一致

～沖縄に渡った山幸彦の足跡

女性のみで行う祭祀舞踊。ウジテーク ©pixta

沖縄県 奥武島・竜宮神 ©pixta

来間島にある竜宮展望台 ©pixta

海中にあるとは限らない龍宮

龍宮を辞書で調べると、「深海の底にあって龍神や乙姫などが住むという、想像上の宮殿。龍宮城」などというふうに載っています（『大辞泉』小学館）。龍は「竜」とも書き、公的には竜が当用漢字、龍は人名用漢字ですが、明確に使い分けられているわけではなく、諸説あるものの一般的には「龍」は日本や中国など東洋のリュウあるいはタツ、「竜」は西洋のリュウ、いわゆるドラゴンを表すイメージが強いようです。

龍宮といえば、中国や日本各所に伝わる海神にまつわる伝説に登場する海神の宮のことである、と考えられています。龍《たつ》の宮《みや》、龍《たつ》の都《みやこ》、海宮《わたつみのみや》などと表現されているものはすべて龍宮です。

16世紀明代の小説『西遊記』や同じく明代の小説『封神演義』などの中国の書物には、龍王が住む水中の宮殿として「水晶宮」が出てきますが、この水晶宮も龍宮です。地上にあった光り輝く水晶宮を模して海中に造られた宮殿、とされています。

モンゴルやベトナム、朝鮮半島にも龍王なるものは登場し、おしなべて水中に宮殿を持っています。仏教の世界にも龍宮はあり、長阿含経《じょうあごんきょう》には大海の底にある娑竭羅《しゃから》龍王の宮殿が登場し、賢愚因縁経《けんぐいんねんきょう》には海上に白銀、瑠璃《るり》、黄金の龍宮それぞれがあって龍王が住んでいる、という話があります。

また、龍宮は「水府」と表現される場合もあります。海や河川、湖沼に限らず、とにかく水中にある都ということです。中国では、唐代において水府は龍宮という言い方に取って代わられた、と研究されています。

龍宮は日本各地の昔話に登場しますが、湖沼や川の中にあるもの、洞窟が入口となっているものなどもあります。つまり、龍宮伝説の伝承地は臨海部であるとは限りません。

「宮子の龍宮」伝説が伝わる龍神宮という神社にある浦島太郎の石像 ©pixta

たとえば群馬県伊勢崎市宮子町に伝わる「宮子の龍宮」の伝説では、同地の広瀬川の水底に龍宮があります。他にも、江戸時代1784年に刊行された黄表紙『其昔《そりむかし》龍神《りゅうじん》噂《ばなし》』(恋川春町作画)などは、近江の湖、つまり琵琶湖の水中に龍宮がある設定になって

建仁寺の天井画『双龍図』（京都市）©pixta

竜宮滝（熊本県上益城郡山都町上川井野）©pixta

ます。

「竜」という表記西洋のドラゴン(dragon)の翻訳にあたります。では、東洋のリュウるいはタツとしてくあてられる「龍」はどのような存在かというと、身は長大で鱗に覆われ、長い鬚があって玉を持っている、というイメージが一般的です。

ただし、これは中国発祥のもので皇帝のイメージです。それでも龍は水中か地中に住んでいるとされました。さて、日本には、海の中に龍が住んでいるという概念はあまりありません。海の中にいる怪物らしきものは大魚あるいは鯨の類で、架空の怪物が海の中にいるという感覚には馴染みがありません。

日本の場合、海の中にいるのは海神あるいは水にまつわる神です。海の世界の主あるいは

「東洋のナイアガラ」と称される 吹割の滝 ©pixta

支配者として登場します。たいていの場合、そうした存在が住む海中の宮殿つまり龍宮にやって来た者に何らかの礼として宝物を与えます。

ただし、そうした存在が必ずしも海中にばかりにいるものではないというところが面白いところです。たとえば群馬県沼田市にある吹割の滝には、滝壺が入口となっている龍宮の乙姫伝説があります。また、滝の姿から龍を想像したと思われる、滝壺に龍が住むという伝説は熊本県上益城郡山都町にある竜宮滝をはじめ全国各地にあります。たいてい、滝の裏側に洞窟があって、龍宮へと通じているのです。

「わたつみのみや」が「龍宮」に変わる時

『古事記』では、海神は「綿津見神《わたつみのかみ》」と書き表され、その神が住む宮殿は「綿津見神之宮《わたつみのかみのみや》」

です。『日本書紀』では「海神」の表記を「わたつみ」にあてて、住む宮殿を「海神之宮《わたつみのみや》」としています。

さて、その宮殿の様子ですが、『古事記』は《魚の鱗のように造ってある宮》としています。原文の読み下し文は《魚鱗《いろこ》の如《ごと》造れる宮室《みや》》です。

これについては様々な解釈があり、門などの建物が重ね連なって立派に造られている様を表している、とするのが通説のようですが、『日本古典文学大系「古事記　祝詞」』（岩波書店）の註に指摘されているように、そもそもは中国の古歌から採ったもののようです。

中国の戦国時代（紀元前5世紀～始皇帝による統一の紀元前221年）の楚《そ》という国の詩人・屈原がまとめた詩文集『楚辞』の「九歌（祭祀歌の総称）」の「河伯（黄河の神）編」に、「魚鱗屋兮竜堂」という一節があるのです。黄河の水辺には魚鱗で葺いた屋根の竜のお堂がある、という意味です。

黄河の神、河伯

黄河の神である河伯が恋愛を楽しむ歌の一節で、河伯の宮殿は当然、黄河の水中にある龍宮です。『古事記』の綿津見神之宮の描写は、中国文化を通じて摂取された龍宮に関する情報の影響が色濃くみられる、と考えられます。

『古事記』でいう綿津見神之宮、『日本書紀』でいう海神之宮は、その後、一般的な認識として「龍宮」「龍宮城」という呼び方に変わっていきます。

8世紀初頭に創建された、山幸彦とトヨタマヒメを祭神とする福井県の若狭彦の寺社縁起『若狭彦若狭姫大明神秘密縁起』ではトヨタマヒメの父親は「龍王」であり、龍王の宮殿は「龍宮」です。こうした、「わたつみのみや（綿津見神之宮、海神之宮）」の「龍宮」への変化は平安時代に始まったと考えられています。当時の仏教の隆盛を背景に、中国から輸入された仏教の経典に現れる「龍宮」が影響を与えた、とされており、前出の寺社縁起などは、時代時代に書き換えられるうちに「龍宮」が定着したということのようです。

たとえば、吉田神道を大成した神道家・吉田兼倶《かねとも》（1435～1511年）は『日本書紀』を解説した『日本書紀神代巻抄』を著しましたが、その中で、山幸彦が訪ねるのは「龍王」であり、行く場所は「龍宮」です。また、年代的に少し遡りますが南北朝時代に成立したとされている軍記物語『太平記』には、琵琶湖の底にある「龍宮」が登場します。

吉田兼倶

江戸時代には版木による木版印刷で出版ブームが起こり、大衆的な書物が普及します。たとえば都の錦という浮世草子作家が書

亀に乗る浦島太郎　『尋常小学国語読本』（国定読本第３期）（1918 年）所蔵＝国立国語研究所

いた『風流神代巻』は「国産みより八岐大蛇退治、玉依姫と三輪大明神の話まで、日本紀講釈に滑稽を交え、諸事物の起源を説いた書」と解説される『日本書紀』ガイドとも呼ぶべき大衆本ですが、山幸彦が行くのは『記紀』原典にある「わたつみのみや」ではなく「龍宮」です。

　現代に「龍宮」という呼称が確定したのは、1918（大正7）年から1923（大正12）年の間に当時の文部省が小学校用の国定読本として刊行した尋常小学国語読本第3巻収録の「うらしま太郎」でした。

　尋常小学国語読本に掲載された「うらしま太郎」は、童話作家の巖谷《いわや》小波《さざなみ》（1870〜1933年）が1896（明治29）年に発表した『浦島太郎』が元になっています。巖谷小波の時点で「助けた亀に乗せられて龍宮へ行った」という亀の恩返し話になりました。尋常小学国語読本に載ったのも、「恩返し」が教育的にふさわしい、というのが理由です。

浦島太郎といえば亀の恩返し、というのが今の定番ですが、『古事記』『日本書紀』を読めばわかる通り、山幸彦は何者かに恩返しをされて「わたつみのみや＝龍宮」へ行くわけではありません。室町時代に盛んにつくられた『お伽草子』をはじめ、文字になっていないものも含めた日本列島各地に残る浦島伝説においても、主人公が龍宮へ行く理由は様々です。

ただし、行く場所は例外なく「龍宮」です。そして、龍宮は、おしなべて海中ないし水中にあります。

しかし、ここまでお話ししてきたように、『古事記』『日本書紀』で山幸彦が3年間の時を過ごす「わたつみのみや＝龍宮」は、海中ではなく陸上、それも南海の島の上にありました。山幸彦が、九州のとある浜辺から、塩椎神が籠を編んで造った小船（『古事記』）あるいは籠（『日本書紀』）に乗って海に乗り出し、到着した島は、間違いなく琉球諸島のいずれかの島であるはずです。

そして、現実的に、琉球に龍宮があったことを物語る諸例が現在の沖縄には残されています。私が実際に沖縄の島々を歩いて検証したものも含め、次項からその諸例を検討していくことにしましょう。

薩摩半島・最南端の岬の龍宮神社

琉球に渡る前に、九州側の、おそらくは山幸彦が出発した地点そのものか、あるいはほど近い場所に残る龍宮伝説を検証していきます。

鹿児島県の長崎鼻。弓なりになだらかに曲がった砂浜

©pixta

鹿児島県薩摩半島の最南端に長崎鼻という周防灘に向かって、鼻のように突き出た岬があります。岬の西方には弓なりになだらかに曲がった砂浜があります。

この長崎鼻に「龍宮神社」が建っています。神社そのものは、今は新しい建材で建てられてもいて、古代からあったものとは思われませんが、この竜宮神社に、山幸彦にまつわる龍宮伝説が残されています。

長崎鼻は龍宮岬とも呼ばれていますが、薩摩半島の最南端にある、砂浜も付随している突端の岬に神社が建てられている、ということは、つまり、海に出て南へ進んでいったとこ

長崎鼻の「龍宮神社」©pixta

ろに龍宮があるという伝説を知っている人々が古来この地に暮らしていたことを示しています。

長崎鼻に伝わる龍宮伝説は、たいへん興味深いものです。山幸彦は神武天皇の祖父であることがちゃんと認識されています。

伝わる伝説の物語の筋は幾種類かあるようですが、おおむね、皇室の先祖であるところの大和国の山幸彦が、長崎鼻で、難破した船から漂流してきた姫と出会って恋に落ちることから物語は始まります。姫は琉球王国の姫であり、その後、大和国と琉球との間で交易が始まった、とする話です。

琉球王国の成立は、1429年、尚氏の尚巴志《しょうはし》という人が「南山《なんざん》」「中山《ちゅうざん》」「北山《ほくざん》」の3つの国、いわゆる三山を統一して王国を建てたことに始まります。尚氏は中山の王でした。

琉球王国の成立は山幸彦の時代とはかなり隔たっていますから、後世に構築し直された伝説だと考えられますが、言い方を変えれば琉球王国の成立以降の時代に、『古事記』収録の

尚巴志が拡張整備したと言われる首里城。1992年に再建、2019年に火災で焼失、現在再建中 ©pixta

山幸彦の物語がしっかりとこの地に語り継がれていた事実を示してもいます。

また、長崎鼻に伝わる龍宮伝説の別のパターンは『古事記』の展開そのものです。山幸彦は龍宮城でトヨタマヒメと出会って結ばれ、3年間を過ごします。面白いのは、伝説の中では、「龍宮城は琉球城」という説明もなされることです。

その後、山幸彦は、身ごもっていたトヨタマヒメを連れて、玉手箱と、千年古酒（沖縄の伝統酒・泡盛を熟成させた酒）を入れた大甕《おおみか》を携えて帰ってきます。

山幸彦とトヨタマヒメがたどり着いたところは無瀬の浜という海岸で、その沖合には今でもある俣川洲《またごし》と呼ばれる奇岩があり、そこでトヨタマヒメは、神武天皇の父親となるウガヤフキアエズを産みます。俣川洲は龍宮門とも呼ばれています。

興味深いのは、山幸彦が玉手箱と千年古酒の大甕を持って帰るところです。これはすなわち、難破した船の姫の伝説と同じく、大和国と琉球との間の交易起源を物語っているわけです。

「琉球」の初出、「沖縄」の由来

琉球が文献上に現れるのは中国の史書『隋書』（636年〜656年に成立）が初出です。琉球は「流求」と表記されていました。巻の題名でいえば、煬帝紀上（巻三・帝紀第三、大業三年三月癸丑条・大業六年二月乙巳条）、食貨志（巻二四・志第一九、煬帝即位条）、陳稜伝（巻六四・列伝第二九）、流求国伝（巻八一・列伝第四六・東夷）の4巻に登場します。

流求国伝には、流求の在処について、「海島の中に居す。建安郡の東に当り、水行五日にして至る」と書かれています。建安郡は現在の福建省にあたります。ちなみに、「流求」は今の沖縄ではなく台湾を指している、という説もあることを申し添えておきます。

「流求」が「琉球」という表記になったのは、14世紀後半の明の時代のことです。

中国歴代の王朝は古来、近代に入るまで、周辺諸国に対して「冊封体制《さくほう》」という外交政策を採ってきました。冊封とは、中国の皇帝が、朝貢（産物を土産として献上すること）をしてきた周辺諸国の君主に官号や爵位などを与えて君臣関係を結び、その国の統治を認めて従属的関係におくことです。

なお、中国側は朝貢された土産以上の物資を返礼して威光を示すことが常でしたから、冊封体制は交易の一形態だったとも考えられています。

琉球が尚巴志によって統一される前の三山時代、明は南山、中山、北山の3つの王朝の冊封を認めました。その際に、明の冊封国の証として、「流求」のそれぞれの字に「王」を加えるため、「流」の「氵」は「王偏」に改められ、「求」には「王偏」が加えられて「琉球」となったとされています。

さて、私は、「王偏」が加えられる前の「流求」という言葉自体が問題だと考えています。「流求」という言葉はそもそも当地本来のものだったのか、というところに疑問を抱いているのです。

中国は古来、他国の名称については蔑称で表記してきました。日本が「倭」あるいは「倭国」と呼ばれたのはその典型です。

「倭」は「おもねる」「へつらう」という意味を含む漢字です。「流求」も、「海の流れを求める」愚かな民として、中国側から意識的につけられた名前であると考えられます。

私は、古来、当地の呼称は「りゅうぐう」つまり「龍宮」だったのではないか、と考えています。

『日本扶桑国之図《ふそうこくのず》』という日本最古級の日本地図があります。明が琉球三山王に冊封を与える少し前、14世紀中頃の室町時代に描かれたものです。

現存最古の日本地図は京都・仁和寺に残る1305年に描かれた『日本図』ですが、これには西日本が欠けています。北海道を除く日本列島全域が描かれている地図は1548年に成立した事典『拾芥抄《しゅうがいしょう》』に収録されているものが最古だとされていましたが、2018年、広島県立歴史博物館が『日本扶桑国之図』の存在を確認したのです。

『日本扶桑国之図』は、山城国（現・京都府南部）を中央に、九州を上、東北を下の位置に、国内の旧68か国の位置が丸みを帯びた形で描かれていて、それぞれの国の名称も記されています。

『日本扶桑国之図』には、九州地方の部分に沖縄にあたると思われる地域も描かれています。そして、そこには、「龍及國」と書かれているのです。

つまり、中国で「流求」あるいは「琉球」と表記されたのは中国の冊封体制のゆえであって、古来、日本側の「りゅう」の認識は「流」でも「琉」でもなく「龍」だった、ということです。そして『日本扶桑国之図』に記された「龍及國」の語意は、龍宮のある国、ということであると考えていいでしょう。

なお、現在の当地域の名称であり県の名称である「沖縄《おきなわ》」に準じる名称の文献上の初出は、奈良時代後期の文人・淡海三船《おうみのみふね》が書いた唐僧・鑑真《がんじん》の伝記『唐大和上東征伝』(779年成立)です。鑑真は10年の間に5回渡日に失敗し、失明した後、6回目にしてやっと、遣唐使船の帰船団に乗って渡日に成功します。

遣唐使船の帰船ルートには、朝鮮半島の沿岸を伝って九州に至るルートなど数種類あったようですが、鑑真は、揚子江の河口あたりから発ち、日本列島の南海の諸島を経由して九州に至るルートを使いました。海風および潮流の事情で帰船ルートが季節によって変わるわけです。

鑑真が、とある島に至って、島民に「ここはどこか」と尋ねたところ、「阿児奈波《あこなわ》」という答えが返ってきたといいます。753年11月のことです。その1か月後に鑑真は屋久島に到着し、数日間の準備を経て九州の大宰府に受け入れられることになります。

鑑真が最初に至った「阿児奈波」は、現在の沖縄本島でした。島民たちは、その頃から自分たちの島を「あこなわ=おきなわ」と呼んでいたわけです。

「おきなわ」の漢字表記を「沖縄」にしたのは、江戸時代中期の学者・政治家、新井白石（1657～1725年）です。著書『南島志』（1719年成立）の中で、『平家物語（長門本）』に登場する地名「おきなは」に「沖縄」の漢字をあてたのです。

「おきなは」ないし「おきなわ」の語源には諸説ありますが、おそらくこれは「おおきな環」のことだと考えられます。

今から2万年ほど前は、全世界的に、海面が120メートルほど低かったと考えられています。日本地域についていえば、縄文時代初期の約1万6000年前に「縄文海進」と呼ばれる海面上昇が始まり、現在のような日本列島が形成されました。

海面が今よりもずっと低かった時代には、琉球諸島から小笠原諸島、マリアナ諸島にかけて、大きな環状列島が形成されていました。このことから自分たちの生活圏は「おおきな環」であると解された可能性があります。あるいは、当時、琉球諸島の西側に「ひる湖」と呼ばれる蛭の形をした大きな内海があり、その周囲をめぐる国であったことから「おおきな環」とされたと推測する研究者もいます。

興味深いのは新井白石がなぜ「縄」の字を使ったのか、ということでしょう。縄文時代の「縄文」という用語は、明治時代、1877年に来日した米国人動物学者エドワード・モース（1838~1925年）が貝塚から出土した土器を「cord marked pottery」と呼んだことの訳語ですが、古来の土器の文様を縄の文様と考えたのがモースばかりだったとは限りません。沖縄にももちろん縄文文化が存在し、縄文時代の土器が出土します。「沖」の「縄」文様の土器を作る国といった意識を新井白石がすでに持っていた可能性もあると私は考えています。

「琉球」は「龍及」であり、「龍宮」です。「龍宮」は「海神《わたつみのかみ》」がいて、山幸彦がトヨタマヒメと恋をする、『古事記』および『日本書紀』に登場する場所です。

つまり、「龍宮」は「龍及」であり、「琉球」であり、今の沖縄である、と言うことができるのです。

エドワード・モース

日本人は元々、海洋を渡って日本列島にやって来た民族です。そしてその後、海を渡り、島々を伝いながらやって来たユダヤ系民族を、決して、異民族という単純で悪意的な概念をもっては排除しませんでした。

琉球＝龍宮という考え方あるいは事実は、こうした歴史観に真実性を与えます。近代的な意味での国境に縛られることなく、行きたいところへ行くことができる、美しい海と真っ白な砂浜を持つ島、そしてそこにある宮殿は、まさに龍宮城の世界そのものでした。

奥武島の龍宮城と自然道

沖縄本島東南部の南城市に、周囲約1・6キロメートルの奥武島《おうじま》という島があります。橋がかかっていて、本島から車や自転車で行くことができる島としてもよく知られています。

この島の名所に「竜宮神（龍宮神）」と呼ばれる、いわゆる絶景スポットがあります。奥武島の拝所（沖縄語で「うがんじゅ」）、つまり神に祈りを捧げる場所のひとつです。

奥武島は琉球とは龍宮であるという考え方の可能性の高さを端的に裏付ける典型的な島です。「竜宮神」の他にも拝所が数多く存在し、古来、「祈りの島」と呼ばれています。

もちろん、現在「竜宮神」と呼ばれている奇岩の岩場は、縄文時代にはすでに存在していたものと考えられます。潮が引いている時には、「龍座」と呼ばれている円錐を逆さにしたような不思議な岩を目の前で見ることができました。付近には洞窟があり、死者を葬る場所

沖縄県 奥武島・竜宮神 ©pixta

として使われていたといいます。

拝所《うがんじゅ》は、沖縄本島はもちろん、琉球諸島の全体に数多く存在しています。神が降り立った場所と言い伝えられている岬や岩場、森、大樹、山などが、伝統的・習慣的に拝所と指定されていて、ほとんど脚色のない、もともとの自然に相対して拝む場所となっています。

拝所はまた、私が『日本の宗教　自然道がつくる神道・仏教』（扶桑社、新装版２０２３年）でも明らかにしている、自然を神とする日本ならではの宗教観「自然道」を体現している場所です。大和以前の日本国家・日高見国の一部をなしているとさえ考えられます。

奥武島が沖縄本島の東南、太陽の昇る方向にある島であることも重要なポイントでしょう。人は、太陽の昇る場所に憧れ、太陽の昇る場所へと移動するのです。

奥武島の中心的な建物は、奥武観音堂です。創建は比較的新しく、１６００年代、奥武島に漂着した中国の遭難船の乗員を救助した礼として贈られた金の観音像が安置されています。先の沖縄戦で観音像も建物も消失しましたが、戦後に堂が再建され、陶製の観音像が安置されています。

この奥武観音堂の前で行われる奥武島の伝統行事のひとつに「ウシデーク（臼太鼓）」と呼ばれる神御願（カミウガン）の行事があります。旧暦8月の十五夜に開催される祭祀舞踊です。

女性のみで行う祭祀舞踊。ウシデーク ©pixta

ウシデークは豊年を祈願する舞踊で、50歳までの女性のみが舞います。50歳以上の女性はその指導を行う役割を担うことで伝統を守ってきたといいます。

観音堂の近くにウシデーク山あるいは東前山と呼ばれる拝所がありますが、そこは男性立入禁止です。縄文時代の母系社会の伝統の流れが生きているものと考えられます。

来間島の龍宮城と縄文の共同生活

南西諸島西部の島嶼《とうしょ》群・宮古列島の島々のひとつに「来間島《くりまじま》」という島があります。地元では「ふふやまじま」、「ふふゃまずま」、「ふぃまずま」などと呼ばれているそうです。周囲9・0キロメートルの島です。

来間島にある竜宮展望台 ©pixta

来間島にももちろん龍宮伝説が伝えられており、そうした伝説を背景にして島の中央に、3階建ての竜宮城展望台が建てられています。

来間島を訪れた時、私はこの島を、太陽の光の溢れた自然の楽園である、と感じました。龍宮伝説が伝えられている島であるということに、私は強く頷きました。展望台に上ると、正面に宮古島との海峡が望まれ、左に与那覇前浜、右に来間大橋を見渡すことができ、その眺めは壮大で、太陽の島にいるようでした。

来間島に伝わる龍宮伝説は、宮古島版の龍宮伝説です。大津波

来間島から見た宮古島の景色。右に来間大橋が見える ©pixta

によって両親を亡くした「さあね大ち（大氏＝氏族の名称。サニャープズ）」という男性と、龍宮から来たという「むまの按司《あんじ》（官名。女神ムマニャーズ）」という女性が、海から現れた女神の言によって結婚し7男7女をもうけたものの「むまの按司」は龍宮に帰ってしまいます。

その後、残された子供たちが母の教えに従って、宮古島市城辺砂川に今も残る「ナーパイ」（五穀豊穣と大津波の難回避を祈願する祭祀）を誕生させる、という起源伝承です。宮古島付近は古来、津波の脅威にさらされ続けている土地柄です。

さらに、宮古島には、釣り上げたエイが美女に変身し、その美女は龍宮城の乙姫で、時間を忘れて龍宮城で過ごす、という浦島伝説にきわめてよく似た龍宮伝説も伝えられています。

また、海に限らず、水というものに関わる興味深い伝説が来間島には伝えられています。

来間島には、山や川がありません。唯一の水源は、人々が住む集落から急な崖を降りた海沿いにある井戸のみです。

その井戸は「来間ガー」と呼ばれていました。来間島の人々の生活を支える聖なる場所です。井戸水は貴重で、水の使い方も厳しく決められていました。今もそれは変わらず、一番きれいな「一番ガー」は飲み水や食事のため、「二番ガー」は人々の身体を洗うため、「三番ガー」は洗濯のため、とされていて、そのことを説明する石碑が今も立っています。

井戸のそばには樫の木が生えていました。その昔、この樫の木を抜いたところ、井戸が枯れてしまったことがありました。慌てた島民が、神様に祈願したところ、樫の木を元に戻せという、そのお告げに従ったところ、井戸からは再び水が湧き出したそうです。

これこそは縄文時代の共同生活から受け継がれ、今も続いている習慣と伝統だと考えられます。自然が与える命の水を湛えた貴重な井戸に対する生活態度は、古くからの水信仰のあり方を教えてくれているかのようです。

ニライカナイ神は龍宮神そのもの

「ニライカナイ」とは、沖縄に伝わる理想郷の概念です。東方の海の彼方、つまり太陽が昇る方向にある、神々が住む世界のことです。「ニライカナイ」という言葉自体、海のかなた、という意味を含むと言います。南西諸島では「ネリヤ」や「ニラヤ」と言います。

ニライカナイは死者が行くところであると同時に生命の生まれる場所とも考えられており、水平線の彼方の世界＝ニライカナイには祖先の神々が暮らしているとされていました。

つまり、『古事記』や『日本書紀』で「常世《とこよ》」と表現された世界とまったく同じ概念です。

たとえば、『古事記』には、山幸彦とトヨタマヒメの子、つまり神武天皇の父であるウガヤフキアエズのことを記した条に次のように書かれています。


《かれ御毛沼の命（ミケヌノミコト）は、波の穂を跳《ふ》みて、常世《とこよ》の国に渡りまし、稲氷の命（イナヒノミコト）は、妣《はは》の国として、海原に入りましき》（前掲書『新訂古事記』）

ウガヤフキアエズはトヨタマヒメの妹であるタマヨリヒメとの間に、4人の子をもうけました。神武天皇は末っ子です。ミケヌは神武天皇の兄で、この神は海を渡って常世の国へ行ったのです。

『日本書紀』には「常世」は、たとえば、「神代」を終えた「神武天皇」の条に次のように登場します。

《三毛入野命（ミケイリノミコト、神武天皇の兄。『古事記』でいうミケヌノミコト）もまた恨んで言われるのに、「わが母と姨《おば》は二人とも海神である。それなのにどうして波を立てておぼれさすのか」と。波頭を踏んで常世国《とこよのくに》においでになった》（前掲書『全現代語訳日本書紀（上）』）

これは、東征に同行した神武天皇の兄が海が荒れて航海が進まないことに腹を立てる場面です。「わが母」とはタマヨリヒメ、「姨」とはトヨタマヒメのことで、この2人は海神であると明言されています。

常世の概念は、その後、「龍宮」の概念に一般化されることになりました。そして、「龍宮」に住まうのは龍宮神であり、海神なのです。

「ニライカナイ」に住まう神もまた、龍宮神でした。その証拠に沖縄には、先にお話しした奥武島の龍宮神をはじめ、夥《おびただ》しい数の「龍宮神の拝所」が存在します。沖縄の観光スポットを紹介するサイト『マリンナビ沖縄』の紹介記事を参考に、主だった龍宮神を紹介しておきましょう。

【辺戸龍神龍王大神】沖縄県国頭郡国頭村辺戸
辺戸岬の左側の獣道を降りていくと龍宮神大根元と呼ばれる神が祀られています。
【東村有銘竜宮神】沖縄県国頭郡東村
有銘部落手前にある落石防止トンネルを抜けて右側の大きな岩が龍宮とされています。
【辺野古竜宮】沖縄県名護市辺野古
辺野古漁港の左端の護岸の先の岩山に龍宮が存在します。
【石川龍宮神】沖縄県うるま市石川
石川漁港の北東、亜熱帯植物が生い茂る森の中に存在します。
【田場竜宮】沖縄県うるま市田場
護岸沿いを北に進み、赤野漁港の手前の大きな岩の上が龍宮と呼ばれています。
【津波古竜宮】沖縄県南城市佐敷
馬天自動車学校と馬天港の間、児童公園の中にあり、馬天竜宮とも呼ばれています。
【港川龍宮】沖縄県南城市港川

港川漁港近くのグランドゴルフ場の敷地内に存在します。
【名城竜宮】沖縄県糸満市名城
干潮で現れる前方の岩に渡ると、一番手前の岩に卸香炉が3つあるのが見えます。
【里浜クシヌ龍宮神】沖縄県浦添市港川
港川漁港入口前の手前を右に曲がる小道に入った左側に存在します。
【砂辺龍宮神】沖縄県中頭郡北谷町砂辺
砂辺海岸近く、砂辺龍宮神馬場公園入り口右側の生い茂る木々の中に存在します。
【都屋の竜宮】沖縄県中頭郡読谷村
都屋漁港に入り、真正面の岩の左側に存在します。
【瀬良垣竜宮】沖縄県国頭郡恩納村
小さな児島に祀られており、コンクリートの道で渡れるようになっています。
【宇茂佐の竜宮】沖縄県名護市宇茂佐
岩の下から拝む龍宮神です。
【大瀬原龍神】沖縄県名護市宮里
名護市街近く、「21世紀の森ビーチ」のすぐ側に存在します。

【備瀬竜宮神】沖縄県国頭郡本部町
灯台の麓にある龍宮神で、大潮の時に渡ることができます。

もちろん、右に挙げた他にも数々の龍宮神が琉球諸島の島々には存在します。龍宮神の拝所が身近にあり、古来、拝するという行為を日常的に続けてきたということは、琉球は龍宮であり、龍宮神つまり海神が住まう地域であったことを物語っています。

そして、第一章でお話しした通り、山幸彦が訪れた龍宮に住まう海神は、渡来ユダヤ系の一族です。つまり、琉球には太古の時代にユダヤ系の人々が渡来してきていました。

次章では、改めて、琉球とユダヤ系の人々の渡来の歴史を考察していきます。

第二章

古代日本と渡来ユダヤ人

～聖書に登場する日本の南海の島々

古代イスラエルの最盛期を築いたとされるソロモン王（1877作）

芝山古墳・はにわ博物館には武人埴輪が多数展示されている（撮影：高谷賢治）

日本列島を目指して移動した古代世界の人々

次に掲げるのは、私が2018年に刊行した『日本の起源は日高見国にあった 縄文・弥生時代の歴史的復元』という著作の中の一節です。

《即物的に豊かで安定した土地へ向かうというよりも、人間は、より良い土地、つまり、パラダイスと言ってもいいかもしれませんが、精神的なものまで含んだ理想の土地へ向かったのです。長く、地球は球形ではなく平らだと考えられていました。大地を太陽が昇る方向へ向かうことが、すなわち、理想に向かうことを意味しました。

「太陽」というひとつの基準が、憧れの土地、希望の土地へ向かう指標となりました。アフリカから動くということは、少なくとも、わざわざ寒い場所へ移動するということです。少し移動してみれば、この現実はすぐにわかったことでしょう。しかし、あえて人間は移動しました。

太陽という存在が、人間が理想を求める気持ちの基本的なダイレクション、方向というも

芝山古墳・はにわ博物館には武人埴輪が多数展示されている（撮影：高谷賢治）

のをもたらしました。ここには、食べることや衣食住といった問題を超えるものがあります。文化的なもの、精神的なものが、すでにここにはありました。

そして、キリスト教でさえもが聖書に記している「パラダイスは東にある」という観念のいちばん極東に位置しているのが、私達の日本列島でした》

先に、古墳時代の人物埴輪、武人埴輪についてお話ししました。ユダヤ人の風貌そのままの武人埴輪の出土は特に関東つまり日本の東国に多いのですが、この事実もまた、大陸からの移民が主として太陽の昇る国としての「日本」に向かって移動してきた伝統を重視した時にこそ理解できるものです。

特に武人埴輪の大量出土で知られる千葉県山武郡横芝光町の芝山古墳群がどのようなロケーションに存在するか、それを考えてみれば歴然です。

古代エジプトにおいて信仰されていた太陽神ラー・ハラクティ神。アブ・シンベル神殿 ©pixta

古墳群は九十九里浜にきわめて近い場所にあり、海から昇る朝日を礼拝するのにふさわしい環境にあるのです。

伝統的な考古学では、メソポタミア文明とエジプト文明を指して「オリエント文明」などと呼びます。オリエントは、もともとのラテン語で「日の昇るところ」という意味でした。つまり、東方という意味であり、現在、オリエントと言えば日本を含む「東洋」を指すことになっています。

いずれにせよ、人はみな古来、オリエント（東方）に向かうという習性を持っていました。人類は原初から太陽信仰を持っているのです。

日本の歴史学には従来、日本にやって来た「渡来人」とは中国や朝鮮からやって来た人々である、という固定観念がありました。

そして、それは今も根強く残っています。神話研究と考古学的実証から導き出すことのできる、西洋からの日本列島への渡来の可能性については、長く見過ごされてきたのです。

「太陽に向かって進む」西域から日本列島へ

オリエントという言葉がそもそも「日の昇るところ」という意味であるように、ポイントは方角の「東」ではなく、太陽の昇る場所へ、ということです。そして、ユーラシア大陸の西域の人々には、「太陽に向かって進む」という信仰がありました。

中央アジアのアゼルバイジャンは、コーカサス山脈とカスピ海に囲まれている国です。首都バクーから南西に65キロメートルほど行った所に、2007年に世界遺産に登録されたゴブスタンの遺跡があります。

5000年から2万年ほど遡ることのできる石器時代の遺跡で、岩山に描かれた、60万点以上の絵画（岩絵）で有名です。その中に、武装した漕ぎ手が乗っている船の絵があるのですが、その船の舳先には太陽が描かれています。ゴブスタンの遺跡の

ゴブスタンの岩絵（上に船が見える）©pixta

船は、明らかに太陽に向かって進んでいるわけです。

日本には、古来、ユーラシア大陸の西域から多くの人が渡って来ていました。奈良の東大寺・正倉院に収蔵されている物品約9000点は、中国、朝鮮のものよりも、ササン朝ペルシア（226～651年）をはじめとする西域のもののほうがはるかに多いのです。

西域から中国あるいは朝鮮半島に持ち込まれたものが中国あるいは朝鮮半島の人々の手で日本に持ち込まれた、というのが通説で、西域の人々の直接的で規模の大きい日本渡来の可能性については、日本の歴史学はほとんど無視しています。大きな「移動」という文化人類学的な視点からの考察は、日本の歴史家からも考古学者からも提起されずにきました。

このことはまた、九州や近畿ではなく、東国にこそ発展した縄文・弥生時代の文化・文明についての理解の不足、誤った認識といった欠陥の原因になっています。東国の日高見国こそは高天原であり、高天原の最高神アマテラスは東国の神にして東日本の統治一族だったのです。

約20万年前にアメリカに出現したホモ・サピエンス（現代のヒト）は、太陽の昇る方向つまり東へ向かってアフリカを出発しました。彼らは、アジアにおいて様々な場所に居住した後、さらに東方に向かって移動を進め、波状的に日本列島にやって来たと考えられます。

縄文時代、弥生時代は、中国、朝鮮半島といった近い地域の人々よりも、そうした西方の人々が渡って来る場合のほうが多かったと考えるべきでしょう。

朝鮮半島を経由して渡来したユダヤ系の一族

近畿の奈良に大和国が成立した後も、西方の渡来人＝帰化人は日本列島へやって来ました。西方からの人々の移動は、古くは縄文時代、紀元前13世紀に始まります。ユダヤ人の出エジプトを契機とする渡来を第1波とし、紀元前722年以降の日本建国の時期に第2波があり、紀元前3～2世紀に「秦氏」という重要なユダヤ系の祖を中心とする第3波、応神天皇が秦氏たる弓月国からの移民を受け入れた3～4

出エジプトの図(1907年作)

世紀の第4波、6世紀の蘇我氏を代表とするキリスト教・ネストリウス派の移動を第5波とする、大きな5つの波がありました。

こうした西域からの渡来があったからこそ、日本は軍事的にも強い国となりました。それを端的に示しているのが、４１８年に建てられた広開土王碑です。高句麗の第十九代の王、好太王（広開土王）の業績を称えた石碑で、現在の中華人民共和国吉林省通化市集安市にあります。

広開土王碑（好太王碑）

この石碑が学問的に重要とされるのは、「広開土王碑文」と呼ばれる碑文が彫られているからです。応神天皇の御世の３９１年に、「大和国が朝鮮半島の百済、新羅に侵攻し、これらを破って、臣民とした」ということが碑文には書かれているのです。「倭国」（大和国）はさらに帯方郡まで攻め上って高句麗と戦い、そこで敗れたということも記されています。

以前からも、日本には少しずつ帰化人が増えてきていたのですが、特にこの時期つまり4～5世紀に、朝鮮半島から多くの移民が入って来ました。

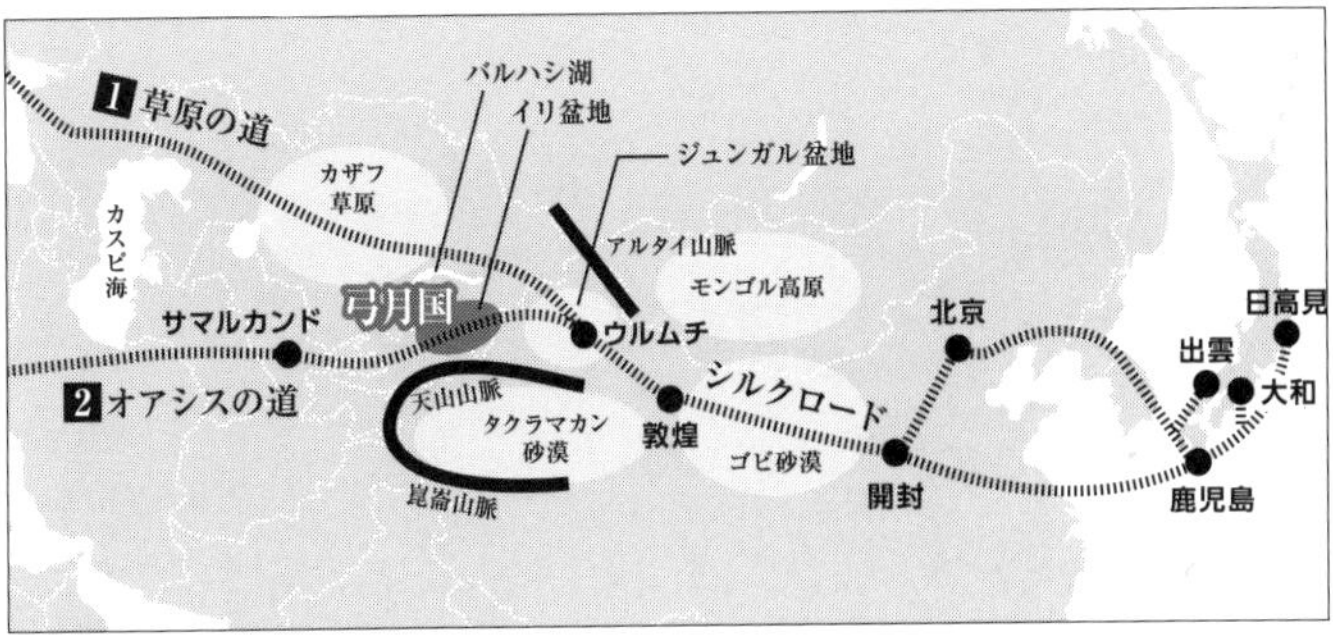

弓月国の位置 © 茂木誠／高谷賢治

そしてその中に、西文氏《かわちのふみうじ》、東漢氏《やまとのあやうじ》、秦氏《はたうじ》などと後に呼ばれることになる氏族がいたのです。これらの氏がユダヤ人の風貌をした人物埴輪に大いに関係します。

5世紀後半から6世紀前半にかけての雄略《ゆうりゃく》天皇の時代は、人物埴輪が数多くつくられた時代でした。そうした中で東国の人物埴輪、特に武人埴輪は独特の発展を遂げたのです。

人物埴輪に関係する氏族の中でも特に注目すべきなのが秦氏です。秦氏は、西域の出身です。応神《おうじん》天皇の時代に弓月国から百二十県の人々を率いて渡来したと『日本書紀』に記されている弓月君を祖先とするとされています。弓月国は、中央アジアのカザフスタンにあたる地域にありました。

特筆すべき「ユダ族」秦氏という存在

雄略天皇の時代、畿内を基盤としていた秦氏が、土木・灌漑技術を生かした水田開発、養蚕などの事業を背景に財力を築き、全国の秦部や秦人部などの氏族を組織化して統括する勢力となった、とされています。

『日本書紀』雄略天皇十五年条には次のような記述があります。

《十五年、秦氏の率いていた民を臣連《おみむらじ》らに分散し、それぞれの願いのままに使われた。秦氏の管理者の伴造《とものみやつこ》に任せられなかった。このため秦造《はたのみやつこ》酒《さけ》は大変気にやんで天皇に仕えていた。しかし天皇は寵愛され、詔して秦の民を集めて、秦酒公に賜った。公はそれで各種多様の村主《すぐり》を率いるようになり、租税としてつくられた絹・縑《かとり》（上質の絹）を献って、朝廷に沢山積み上げた。よって姓を賜ってうつまさ（うずたかく積んだ様子）といった》（前掲書『全現代語訳日本書紀（上）』）

ここには、秦氏が、天皇のために尽力する職能集団を確立していく過程が記録されているのです。

渡来ユダヤ人の研究者の間には、「日本人は、やって来たユダヤ人の名をハダ氏と受け取ったのではないか」という説があります。その根拠は、平安時代の歴史書『古語拾遺』には、「秦」を当初「ハダ」と発音したと記されている、ということにあります。秦氏がもたらした絹の評価として、《肌膚(はだ)に軟らかなり。ゆえに秦の字を訓みてこれを波陀（ハダ）と謂う》と書かれているのです。

「ハダ」は「ユダ族」を意味する「(ヤ)ハダ」という発音を当てて読んだものではないか、と指摘されています。少なくとも『古語拾遺』の記録からは、日本における秦氏の名前の由来の経緯の中に「ユダ族→(ヤ)ハダ」の変換があった、という説の可能性を伺わせます。

北のイスラエル王国と対立した南ユダ王国（紀元前586年にバビロンの侵略によって滅亡）の末裔《まつえい》であるユ

バビロン捕囚（ジェームズ・ティソ画、1896～1902年頃作）

ダとベニヤミンの2部族は「ユダヤ人」と称されており、ヘブライ語で「Yehudi（イェフディ）」と呼ばれています。

なかでも王権を継承する役目を担ったユダ族は「Yehudah（イェフダ）」と呼ばれました。その綴りの様子から、ヤハウェの神を意味する語に「ダ」を付け足しただけである、と指摘されています。

このことから、秦氏は「ユダ族」の出身ではないかと考えられます。「秦」の読みをヘブライ語で「ユダ族」を意味する「イェフダ」とし、その軽く発音される「イェ」を脱落させて、「(イェ) フダ」、または「(イェ) ハダ」と読むことにしたのではないか、ということです。つまり、「秦（ハダ）氏」は「ユダ族」を意味していました。これを元にして、「イスラエルの王権を継承し、神の都を再建する使命を担ったユダ族の末裔が秦氏ではないか」とする説があります。

秦氏がイスラエルから来たとする考え方の他の一例として、中国には外国人に対しても漢字の名をつける習慣がある、ということから導き出した説があります。しばしばその漢字は、出身国を参考としてあてられました。

ローマ帝国に在住していたユダヤ系ということであれば、ローマ帝国の漢字名である「大

『後漢書』の大秦国王の安敦は『自省録』で有名なローマ皇帝、マルクス・アウレリウス・アントニヌスと言われる

秦」から一字をとって「秦氏」とされた、ということが考えられます。これが、ユダヤ人によってイェフダー→イヤハダ→ハダ→ハタと読まれていき、「秦」の字の読みとしてあてられた、ということです。

「秦」の字に注目すれば、朝鮮半島にかつて、秦韓という国がありました（紀元前2世紀~356年）。秦韓は、のちに新羅という国になります。実は新羅は、高句麗や百済とは違ってその遺跡からローマ・ガラスが出土する国です。ガラス工芸の専門家である由水常雄氏は著書『ローマ文化王国　改訂新版』（新潮社、2005年）の中で、新羅は古代ローマ文化王国であった、と主張しています。その担い手は、遠くシルクロードの彼方からやって来たユダヤ人原始キリスト教徒、ネストリウス派の秦氏だったはずです。

『旧約聖書』の「創世記」に登場する、アブラハム、イサク、ヤコブといったイスラエルの先祖たちは、中国の景教（ネストリウス派）によって漢語では「波多力」と書かれるといいます。これは、イスラエルの先祖たちが「patriarch（パトリアーク、族長）」と呼ばれてい

神にひとり子イサクを捧げようとするアブラハムと、それを制止する天使。レンブラント『アブラハムとイサク』（1634 年作）

ることに端を発しています。ギリシア語の「父」を意味する「pater」と、「指導者」「王」の意味を持つ「archon」が組み合わされた言葉です。

その後、パトリアークはキリスト教においては「司教」という意味で使われるようになり、中国の景教の経典で「波多力」と書き表されることになったという流れのようです。

つまり、「波多」という漢字は、イスラエルの指導者、ユダヤの父なる指導者を示唆する言葉である、ということです。そうした王系の一族を称して「波多力」と書き、それが「秦」とも書かれるようになったのです。

また、秦氏がイスラエルの出自であり、しかも元来はユダヤ教の一派であった景教の影響を強く受けた民族であることは、平安時代初期の815年に編纂された古代氏族名鑑『新撰姓氏録』からも類推することができます。

『新撰姓氏録』には、秦氏が仁徳《にんとく》天皇から姓を賜った際の記述があります。そこには、「ハタ」の当て字として、「秦」ではなく「波多」が使われているのです。中国の景教の「波多力」に由来する言葉がそのまま使われている、ということになります。

さらには、漢語の「波多」（ハダ、ハタ）は、ヘブライ語の「ユダ族」を意味する「（ヤ）フダ」にあてられた字であるとも考えられています。王系一族の意味としての「波多力」と、ユダ族の血統である「（ヤ）フダ」と、両方の意味が込められている、ということになります。

『新撰姓氏録』には、秦氏は「秦始皇帝の後なり」と記載されています。つまり、秦氏は秦の始皇帝の末裔である、ということです。秦氏の系譜書『秦氏本系帳』に掲載されている系図は秦の始皇帝を祖としています。

始皇帝

実は、秦の始皇帝こそは、ユダヤ系だった、ということが指摘されている人物です。実父は呂不韋(リョフイ)と言いますが、明らかにヘブライ語発祥の名前です。ヘブライ語系の男性名レヴィと同一であるとする説もあります。

始皇帝の肖像画を見るとわかりますが、西アジア人特有の鷲鼻が際立った顔立ちをしています。司馬遷が書いた『史記』（紀元前1世紀に成立）に書かれた始皇帝の「鼻が蜂のように高く、切れ長の目、鷹のように突き出た胸」という描写はおよそ漢人らしくなく、また、別の言い伝えでは「目は青く西洋人のようであった」とも言われています。

「弓月国」を経由したユダヤ人の日本渡来ルート

ユダヤ人はなぜ日本列島に渡来したのでしょうか。また、どのようなルートで渡来したのでしょうか。

まず、昇る太陽を求めて日本列島にまでやって来る、という人類の原初的な欲望が動機のひとつとして考えられます。しかしそれだけは、波状的に大量に移動する、という事実に対しては十分な説明にはならないでしょう。

ユダヤ人は「流浪の民」と称されます。それはよく、民族的性格である、とも説明されます。民族論としてはその通りかもしれませんが、ユダヤ人がかつて迎えた運命的な歴史、つまり一時的にではあるにせよ大量の人員が故国を去らざるをえないという状況には、やはり深刻な動機があるはずです。

66年、ローマ帝国の支配が進むイスラエルで、独立派ユダヤ人の熱心党（ゼロテ党）がローマ帝国の守備隊を襲うという事件がありました。当時、地中海世界を支配していたローマ帝国に対してユダヤが本格的な独立戦争を開始したのです。ローマ帝国内のほとんどのユダヤ人が武装蜂起し、ユダヤの独立を目指して闘争しました。

嘆きの壁 ©pixta

時のローマ皇帝ネロは、68年、イスラエルに軍隊を派遣します。圧倒的な軍事力によってユダヤ人の反乱を制圧し、エルサレムの第二神殿を完全に破壊しました。このときに破壊された神殿の一部が、現在も名高い礼拝場「嘆きの壁」です。

ユダヤ人たちはローマ帝国から追放されました。ローマ帝国は広大な領域を占めていましたから、追放は遠大な移動を意味します。

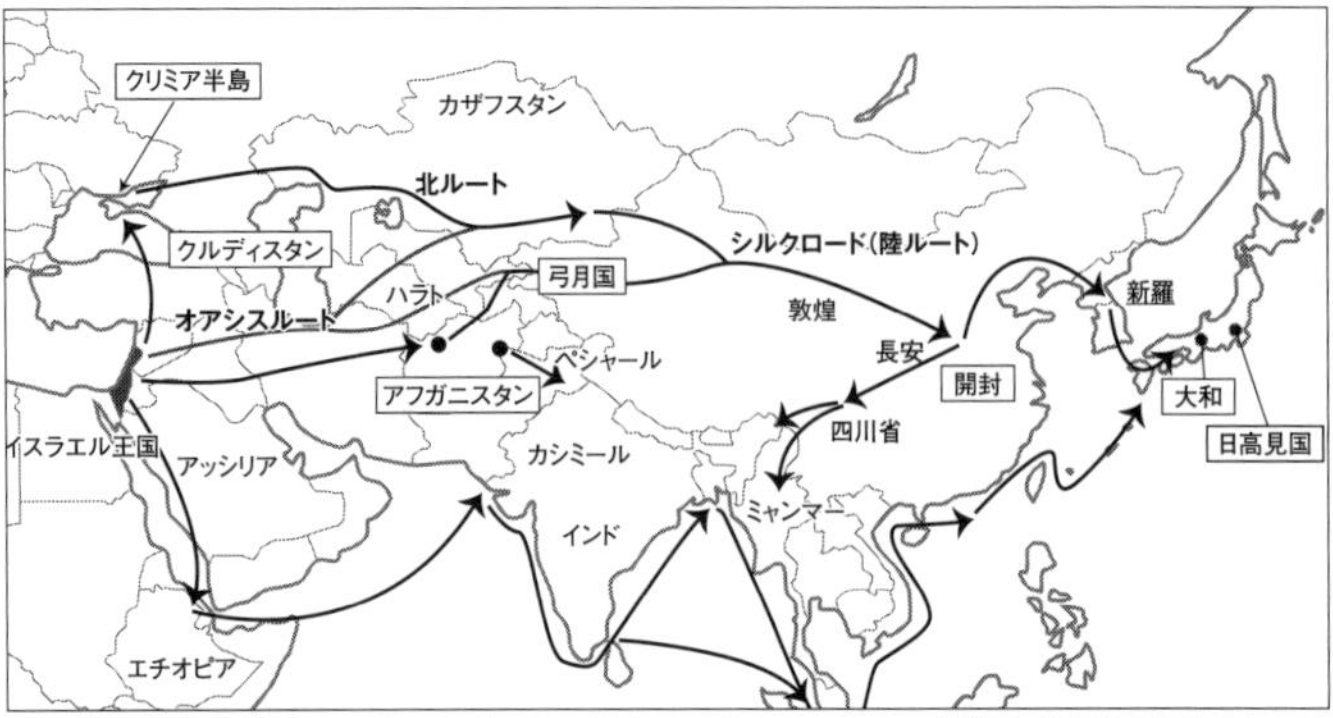

イスラエル人の移動ルート ウェブサイト『日本とユダヤのハーモニー＆古代史』掲載地図「国家を失ったイスラエル部族の行く末」などを参照に作図

ユダヤ人たちはディアスポラの旅に出ました。ディアスポラは、「離散」あるいは「離散した民」を意味する言葉です。

ディアスポラの旅に出たユダヤ人の中には、ネストリウス派信仰者となってアジアに向かった人々もいました。彼らの多くが、「シルクロード」伝いに、東の中央アジアに向かったのです。シルクロードは、ローマ帝国時代、中国の絹を得るための通路としてすでに確立していました。

その一部が、先にお話しした『日本書紀』に登場する中央アジアの「弓月国（クンユエ）」を経由して、中国、朝鮮半島にまでやって来たと考えられます。そして、中国において秦氏として成立し、朝鮮半島に移動し、秦韓にやって来たのです。

秦韓は辰韓とも呼ばれています。4世紀頃まで、弁韓と並んで朝鮮半島南部にあった三韓の一つをなしていました。日本海に接しており、後の新羅と重なる場所にありました。

そうした人々の中に、たとえばユダヤ人原始キリスト教徒のエルサレム教団がいて、「大秦国（ローマ帝国）から来た秦氏」と名乗らされていたわけです。その一方で秦氏は、当時は柵外の人々、すなわち万里の長城の外に住んでいる民族という意味で「秦人」とも呼ばれていました。「泰」という漢語には、漢民族にとっての「外の人々」という意味もありました。

ただし、ここまでにお話ししてきたユダヤの日本渡来は、ユダヤ人渡来5波のうち、歴史的事実の関係もある程度明らかになっている、第3波以降の移動のあり方です。ユダヤの日本渡来の第1波は紀元前13世紀の、ユダヤの「出エジプト記」の時期にまで遡ります。「出エジプト記」は、ユダヤ人がモーセに率いられ、エジプト新王国の支配から脱してパレスチナに大量移動したという『旧約聖書』に収録されている記録です。

そして、ここが重要なところですが、山幸彦が龍宮で出会った海神たるユダヤ系一族の日本渡来は、それ以前に遡る可能性もあります。

日本列島南海の諸島に渡来していたユダヤ人

日本とユダヤとの関係を見ていこうとする時、そもそもの重要な手がかりは『旧約聖書』の中に見出すことができます。創世記、出エジプト記、レビ記、民数記、申命記の5つをイスラエルつまりユダヤの人々の原初の歴史が書かれた「モーセ五書」と呼びますが、そのうちの「申命記」（あらためて立法を述べる、といったほどの意味）の第28章に次のように書かれています。

《あなたがたは空の星のように多かったが、あなたの神、主の御声に聞き従わなかったので、少人数しか残されない。かつて主があなたがたをしあわせにし、あなたがたをふやすことを喜ばれたように、主は、あなたがたを滅ぼし、あなたがたを根絶やしにすることを喜ばれよう。あなたがたは、あなたがはいって行って、所有しようとしている地から引き抜かれる。主は、地の果てから果てまでのすべての国々の民の中に、あなたを散らす》

神は世界中にユダヤ人たちを離散させることにした、という宣言です。「地の果て」には、当然、日本列島も琉球諸島も入っています。そして、「申命記」のこの部分は次のように続きます。

《あなたはその所で、あなたも、あなたの先祖たちも知らなかった木や石のほかの神々に仕える》

「その所で」とは、散っていった「地の果て」で、ということです。そして、「あなたの先祖たちも知らなかった木や石のほかの神々に仕える」という部分が重要です。ここにこそ、ユダヤは日本列島に渡来するという予言があり、さらには、「申命記」を作成した人の日本に関する知見がある、とさえ言うことができるかもしれません。

「地の果てで、木や石のほかの神々に仕える」という予言こそ、縄文以来の日本および琉球の宗教観である「自然道」に親しみ自然神に仕える、ということだと考えられます。

「木と石の神々」は、日本人が、日本列島、そして琉球諸島をはじめとする南海の島々のいたるところに拝所と定めた石や木や森、山そのものです。

『日本にやって来たユダヤ人の古代史』や『日本とユダヤの古代史&世界史』（茂木誠氏との共著）を通じて、私は、国家を失った人々がイスラエルから5回にわたって日本にやって来たことを分析・研究してきました。

琉球に渡来したユダヤ人つまり山幸彦が龍宮で会う海神の一族ないし祖先は、その、渡来ユダヤ5波の先行隊としてやって来たものだと考えられます。日本列島の本島に至る前に、「太陽が昇るところにある島々」に新しいエルサレムを造営して神の訪れを待ち望もうとした可能性があります。

具体的に言えば、神の約束を信じたユダヤ人一行は、大陸を東の端まで海岸沿いに船で移動し、そこから台湾を経て八重山列島へと航海を続けたと考えられます。

「太陽が昇るところにある島々」への導きとなった八重山諸島

八重山諸島は、日本最西端に位置する諸島です。石垣島を主島に、竹富島、西表島《いりおもてじま》、外《そと》離島《ばなりじま》、由布島、鳩間島、小浜島、嘉弥真島《かやまじま》、黒島、新城島《あらぐすくじま》（上地・下地）、波照間島《はてるまじま》、そし

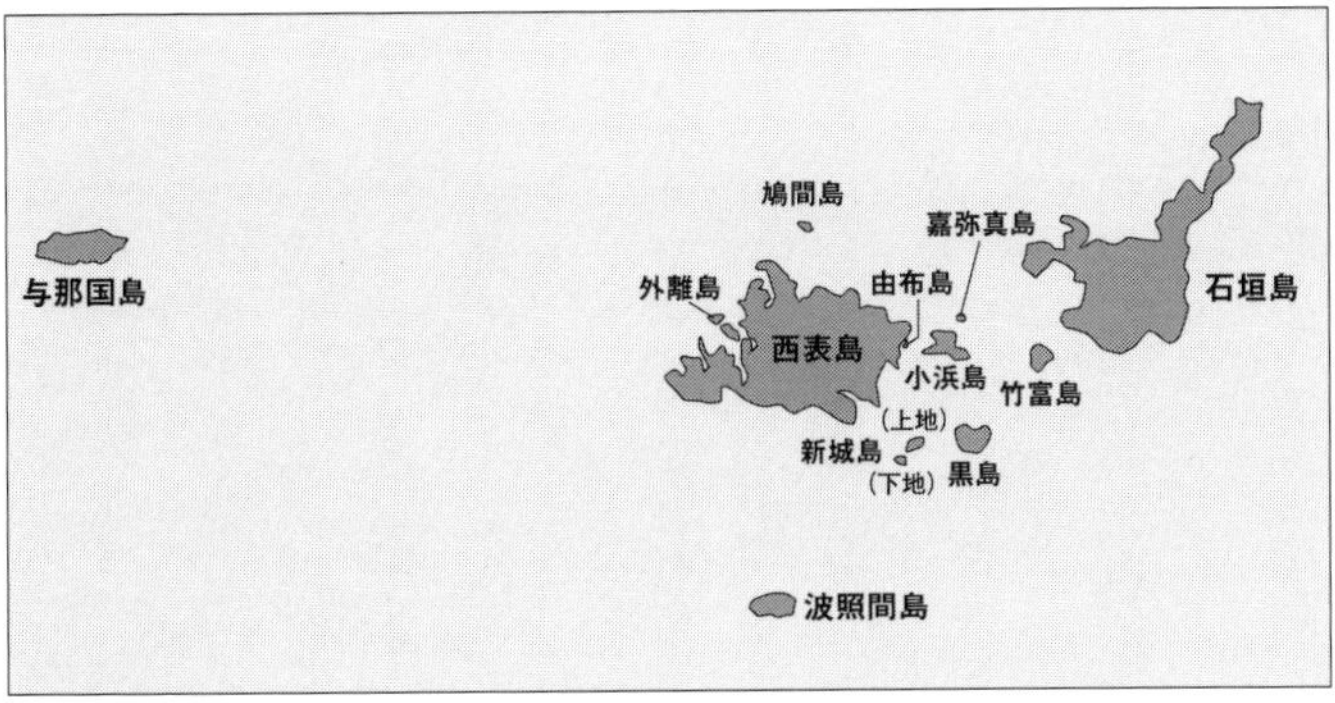

八重山諸島

て与那国島の有人島のほか、多くの無人島があります。

私はこの八重山諸島の南端にある与那国島（ヨナグニジマ）の名前から、この地にユダヤ人が渡来していたことを理解しました。与那国島（ヨナグニジマ）の「ヨナ」は、当然、『旧約聖書』の「ヨナ書」を想起させる言葉です。

「ヨナ書」は、12小預言書のひとつですが、預言者の託宣を編纂したものではなく、ヨナというひとりの人物の物語になっています。4章からなり、あらすじをまとめると次のようになります。

【1章】ヨナはニネベの町に行って宣教するよう命ぜられるが、主の命に従わず、タルシシの方へ船で逃げる。途中で嵐が起こり、船は危険に瀕する。嵐がだれのせいかを知るために人々がくじをひくと、ヨナに当たる。ヨナは嵐の責任を追及され、海に投げ込まれるが、大魚にのまれ、そ

の腹の中に3日3夜とどまる。

【2章】ヨナの祈り。

【3章】再び神の言葉が臨み、ニネベにつかわされ、その滅びを告知する。人々は悔い改め、神は災いを下すことをやめる。

【4章】ヨナはこれを不快として神に抗議し、死ぬことを求めるが、神はトウゴマをもってヨナの抗議の不当なことを逆に問い返す。(『改訂新版世界大百科事典』平凡社より)

トウゴマというのは植物の名前で、神がヨナに与えた日照り避けです。ある時、神がこのトウゴマを撤去してしまい、ヨナが抗議します。すると神が、「苦労もせずに得たトウゴマを惜しむくせに神が苦労して建てたニネベのために労することをあなたは厭うのか」と諭す、という構造です。

与那国島と「ヨナ書」との関係について、前掲ウェブサイト『日本とユダヤのハーモニー&古代史の研究』の中で研究者の中島尚彦氏は次のように述べています。

《台湾の東方に浮かぶ八重山列島は10の島々から形成され、台湾に一番近い手前の島は与那

トウゴマの赤い実と白い花 ©pixta

国島と呼ばれました。与那国の名前の由来は定かではありませんが、旧約聖書のヨナ書に由来している可能性があります。ヨナ書には、魚にのまれたヨナが一命を取り留め、その後、魚から吐き出されて陸地に辿り着いた話が記載されています。神の憐れみにより、国家を外敵にのまれて失ったイスラエルの民が、長い海の旅から吐き出されて到達した最初の島が与那国島であったと考えるならば、イスラエルからの渡来者とヨナと並行して考えることができます。

神の言葉を信じて旅を続けてきたイスラエルの民にとって、「ヨナ」国とは安息の象徴であり、それは神が約束された東方の島々への玄関だったのです》（前掲ウェブサイト『日本とユダヤのハーモニー&古代史の研究』）

与那国島にたどり着いた当時のユダヤ人たちは、ヨナが大きな魚の腹から吐き出された陸地こそこの島だ、と語りあったものかもしれません。

国家を外敵に襲われて失ったイスラエルの民＝ユダヤ人が、大魚の腹中にいたとも言うべき長い海の旅から《吐き出さ》れて到達した島こそが与那国島だったと考える時、イスラエルからの渡来者と「ヨナ」島＝与那国島との結びつきはおそらくたいへん大きなものだったであろうことが理解されます。

海路であれ、陸路であれ、いつ終わるかわからない果てしのない「移動」は、暗く閉ざされた空間に閉じ込められたようなものだったはずです。

空撮した与那国島 ©pixta

イザヤが目指した!?　八重山諸島の名前の秘密

神の言葉を信じて旅＝移動を続けてきたイスラエルの民にとって、「ヨナ」島は「安息」

イコンに描かれた預言者イザヤ
（18世紀作 ロシア）

の象徴であり、「イザヤ書」に書かれた「東方の島々」への「玄関」だったことになります。「東方の島々」は『旧約聖書』における重要な概念です。預言者イザヤは、「東方の島々」にこそ救いの道があることを「イザヤ書」の中で示唆していました。

《北イスラエル王国がアッシリアからの侵略により、崩壊する運命となりました。そして南ユダ王国の人々も恐怖に慄《おのの》いていたころ、エルサレムの宮殿で仕えていたイザヤは祈りのうちに、アジアの東方にある海の島々に新天地があることを悟ります（24章15節）。イザヤ書には所々に、希望と救いのメッセージが書かれている点も見逃せません。イザヤ書には幾度となく島々についての記載があり、特に東方の「海の島々」や聖なる山に、救いの道が残されていることがほのめかされていることには注目です。島国とは全く縁のない西アジアのイスラエルにてイザヤは、遠くの東に浮かぶ島々で神を崇めることを預言したのです》

《アジア大陸から台湾へと渡り、そこからさらに海を渡り、琉球諸島において最初に到達した島は、いつしか与那国島と呼ばれるようになりました。与那国島は台湾の東に存在し、「東の島々」が連なっているということを証する最初の島です。もしかすると、海から陸地に吐き出されて命拾いした旧約聖書ヨナ書の記述にちなんで、与那国島と命名されたのかもしれません。そして一連の島々は、いつしか八重山列島とも呼ばれるようになります。八重山の「ヤエ」はヘブライ語で神を意味することから、八重山とは「神の山」の意となります。よって八重山諸島とは、「神の山が連なる島々」という意味に解釈できます。イザヤが目指した「東の島々とは」、神が約束された新天地であるからこそ、それらの島々は、「神の山諸島」「神山の島々」と呼ばれたのでしょう》（前掲ウェブサイト『日本とユダヤのハーモニー&古代史の研究』）

与那国島から石垣島までは約130キロメートルほどの距離があり、この2島の間に存在する島々で八重山諸島（八重山列島）は形成されています。当地に伝わる一般的な「八重山」の由来については、沖縄県出身の僧職の民俗学者・上勢頭《うえせど》亨《とおる》氏が次のようにまとめています。

《昔、天加那志大明神より人間の住む島を造ってこいと仰せ付けられた清明加那志と、山を築けと仰せ付けられた大本様の二神が天から降りて来られた。清明様は広い海の中にあった

石垣島の野底マーペー ©pixta

小さい岩に降りられた。その岩はアガリ＝パイザーシの岩と言われ、島の中央部の清明御嶽の東方にある。その岩を中心として付近の石や砂利や砂土を盛り上げて作られたのが竹富島である。大本様は大本山を築き、その山の上に住み、清明様は竹富島を造って島の元に住んだ。その後、大本様からの連絡で、折角島を造るのにそんな小さな島を作っては困る、私と協力してもっと大きな島を造ることにしようとのことで、大石垣島すなわち石垣島が造られた。それから次々と島が造られ、あわせて八つの島が造られたので、これを八重山島と呼ぶようになったと言われている》（『竹富島誌　民話・民俗篇』法政大学出版局）

次々と、あわせて、というところからきた「八重」、そして天加那志《てんがなし》という神様が山をつくれと命じたところをもって「八重山」と呼ばれるようになったという由来は、後世の日本人にも納得のいくものでしょう。ただし、やはり島は山ではありませんから、どこかそぐわないところがあるような気もします。

竹富島にある国造りの神を祀る御嶽、清明御嶽。マイヌオンと呼ばれる ©pixta

先の『日本とユダヤのハーモニー&古代史の研究』からの引用にあるように、「八重」を「ヤーヴェ（ヤハウェ）」に通じる言葉ととれば、《八重山の「ヤエ」はヘブライ語で神を意味することから、八重山とは「神の山」の意》となります。《八重山諸島とは、「神の山が連なる島々」という意味に解釈できます。イザヤが目指した「東の島々とは」、神が約束された新天地であるからこそ、それらの島々は、「神の山諸島」「神山の島々」と呼ばれたのでしょう》ということになるのです。島に神が降臨するという、ユダヤ人の熱い願いが込められていたと考えられます。

八重山考古学から導き出される空白の1000年

『八重山の考古学』（大濵永亘、先島文化研究所、1999年）などの研究書の発刊をはじめ、

「八重山考古学」と呼ばれる地元の郷土史に基づく遺跡の研究が長年、調査団や郷土史家によって行われています。

その結果、琉球石灰岩を円形に配列した住居跡をはじめとして多くの貝塚や遺物が発掘され、石垣島のフルスト原遺跡や川平貝塚、石底山遺跡など、今ではたいへん著名になっている遺跡が発見されました。それらは、ユダヤ人がやって来る以前の、新石器時代から縄文時代の原住民の生活跡と考えられます。

石垣島の川平貝塚 ©pixta

そうした八重山考古学の研究成果において出てきた、今日も明確な答えの見いだせない歴史的な謎について、『日本とユダヤのハーモニー&古代史の研究』には次のように書かれています。

《八重山諸島から見出された遺跡の年代は、放射性炭素年代測定法による遺物の精査により、遅くとも紀元前3250年の有土器文化から始まり、その後、古代の文化はおよそ3つの期間に分類できることがわかりました。最も古い時代が赤色土器文化を基盤とする第一期であり、前2250年から前1250年頃までの1000年間にわたります。第二期は、前2世紀から11世紀までの無土器文化の時代、そして第三期はスク文化を基軸とした海外交易が盛んになる11世紀から16世紀までの間です。不思議なことに第一期と第二期をはさむ前12世紀から前2世紀の間、およそ1000年間に関しては、未だに遺物が発掘されていないため、歴史の空白が存在します。その期間だけ遺物が見つからないということは、当時、人が居住していなかったか、自然環境の変異で人間が絶滅したか、もしくは何らかの理由で人々が他の地域に集団で移動した可能性がこれまで指摘されています。たまたま、これまでの遺跡調査からは何も発掘されなかったという見解もありますが、1000年という長い期間に関わることでもあり、もはや偶然というには無理があるでしょう》

《八重山諸島における空白の1000年という、人が存在しなかった時間が存在する理由は、イスラエル系渡来者の目的地意識と、それに伴う人の流れから、その答えを見出すことができると考えられます。遅くともソロモン王の時代、前10世紀頃にはタルシシュ船が東アジアまで到来して海原を行き来していましたが、中には八重山諸島にも訪れた西アジア系の渡来者が存在したことでしょう。その後、島々を探索するうちに八重山諸島の北東、黒潮の流れに乗って宮古島から約300キロメートル離れた所に、自然の環境に恵まれた大きな島

古代イスラエルの最盛期を築いたとされるソロモン王（1877作）

を見出したのです。前7世紀には、「東の島々」に向かうという民族大移動の掛け声の元、西アジア方面から旅をしてきた多くの渡来者の群れが存在したこともあり、その結果、いつしか八重山諸島は、大陸から台湾に渡り、そこから沖縄に向かう途中に存在する、通過地点の島として捉えられるようになったと考えられるのです。そして元来、八重山諸島に居住していた少数の民も、おそらく大陸に民族のルーツを持つと考えられることから、共に沖縄本島の方に向けて八重山諸島を旅立ったのではないでしょうか。それ故、今日いくら遺跡を発掘しても、イスラエル系移民が到来し始め、沖縄から更に東の島々に向かおうとした時期に該当する時代の遺物が八重山諸島に見出されることがないのです》

重要なポイントは、「八重山諸島における空白の1000年」です。

その時代こそは、『記紀』に書かれている、山幸彦が海幸彦と対立し、海神とトヨタマヒメに出会って龍宮で3年間（浦島伝説でいう何世代にもわたる長い時間）を過ごし、やがて海幸彦が山幸彦に忠誠を誓う時代と重なっているはずです。つまり、日本列島の東国からやって来たニニギの一行およびその系統が南海の諸島に渡来してきたユダヤ系の人々と出会い、また争う時代です。

一方で、大和に天孫降臨したニギハヤヒの一行は、欠史八代の天皇の名で政権を維持し続けました。やがて山幸彦の孫であるイワレビコ（神武天皇）が九州の日向から東征を開始し、こちらもまた長髄彦《ながすねひこ》の家系＝ユダヤ系と大和で衝突したと想定できるでしょう。

「八重」は神を意味する「ヤーヴェ」！さらに東へ、太陽の昇る方向へ

『旧約聖書』にある「東の島々」の玄関と考えられる八重山諸島の東端、石垣島から東へ40キロメートルほど航海をすると多良間島があります。さらに50キロメートルほど東へ航海すると宮古島があります。宮古島から北東方向へ黒潮の流れに乗って270キロメートルほどの長距離航海を経て沖縄諸島に着きます。

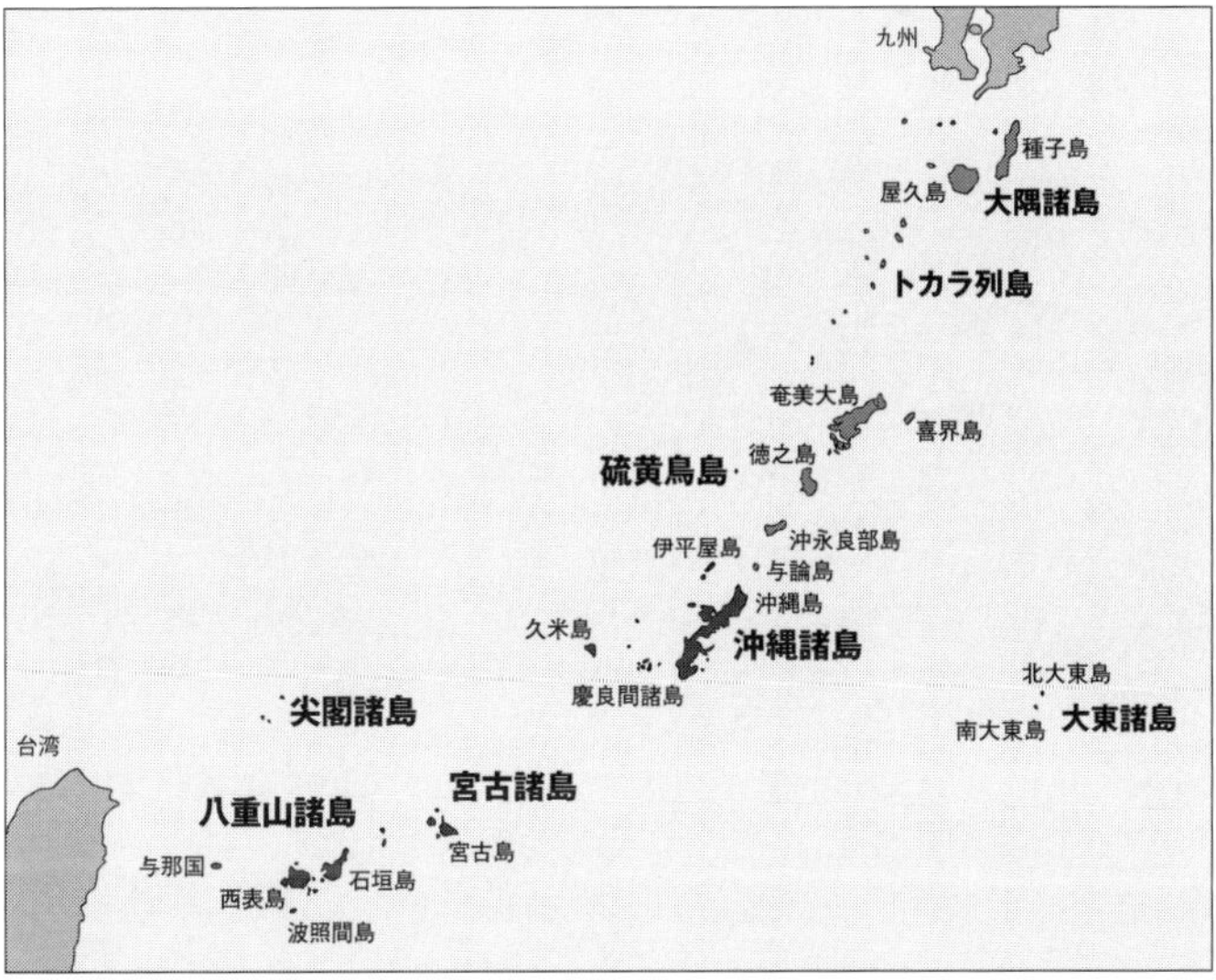

沖縄諸島

渡来ユダヤ人はさらに東へと進みました。地図というもので見れば接近しているように見えますが、そこには数百キロメートルの距離があり、海流を越える苦労に満ちた航海となります。また、八重山諸島からも宮古島からも沖縄本島の姿はまったく見ることができません。

故郷を追われ、ディアスポラの民、流浪の民として安住の地を求める渡来ユダヤ人たちだからこそ、強い意志を持って立ち向かうことができる船旅だったと言えるかもしれません。数日間にわたって荒波を乗り越えていくと、水平線の向こうに沖縄の本島が見えてきます。

現在の行政区規定で言えば、沖縄県は、

東西約1000キロメートル、南北約400キロメートルの広大な海域であり、160の島々が点在し、47の島々に人々が暮らしています（沖縄県ホームページ）。

特に沖縄本島は、温暖な気候と自然の恵みに囲まれた、長い旅に疲れた渡来者が安住するのに絶好の島国でした。沖縄島の南部、現在の那覇から沖縄市にかけては広大な平野部に恵まれています。さらには陸上交通の発展に適した地勢があり、港に適した湾岸を有していました。

すでに少なくとも縄文時代から住んでいた原住の人々は、沖縄を、日本列島と同じく太陽信仰と自然道の中にある恵みの島として尊び、食産物も豊富に収穫していましたから、渡来者を温かく迎えました。沖縄本島ならびに琉球諸島の島々は、アジア大陸から発した航海者にとって、体と心を癒す理想郷のように思われたに違いありません。

先に、八重山諸島の「八重」はヘブライ語で神を意味する「ヤーヴェ」という言葉を含んでいるということについて述べました。「八重」はまた、沖縄本島においても、たとえば名護市の北西に聳《そび》え立つ「八重岳」という山、那覇の近郊には「八重瀬町」という町名として登場します。

日本語という視点で言えば、「八重」がそこに使われる必然性はありません。ヘブライ語との関連を考えた時、これらの地名はむしろ自然なものとなってきます。

現在県庁所在地となっている那覇は、ヘブライ語のナハ（nakha）に通じています。「安息」、「安住」を意味する言葉です。沖縄に渡来したユダヤ系の人々は、沖縄で安定的な居住を続けるうちに、やがてその北、というよりもさらに東の、イザヤ書にある「東方」にある日本列島の存在に気がついたのです。

第四章

神武天皇が琉球で生まれた可能性

～天岩戸も琉球にあった？

天の岩戸伝説が伝わる最南端、
伊平屋島のクマヤ洞窟 ©pixta

伊平屋島のヤヘー岩 ©pixta

沖縄古来の聖地、御嶽に見られる縄文の思想

沖縄には、明らかに日本列島に残る縄文遺跡と同じく太陽信仰を中心としている文化を持つと思われる遺跡ないしは今も住民生活の中にある場所が随所に残っています。

この章では、「御嶽（ウタキ）」と呼ばれる沖縄古来の聖地について考えてみましょう。

御嶽は、百科事典的には「沖縄の村落における祖先神を祀る聖地」と説明されています。「各地域共同体に1つ以上が存在し、小高い丘の森にあるものが多く、社殿のようなものはなく、香炉を置いて拝所《うがんじゅ》とし、近年まで特に男子の立入りを禁じていた」というのが通説です。

現代においても「拝所」と呼ばれて大切にされている場所を含め、神を祀って拝む場所の総称として琉球王国が公的に制定したのが「御嶽」という名称です。

琉球王国王府が編纂させた地誌『琉球国由来記』（1713年成立）には929か所の御嶽が収録されています。

有名な御嶽としては、観光地としても知られている城南市知念の「斎場御嶽《せーふぁーうたき》」や那覇市首里にある「園比屋武御嶽《そのひゃんうたき》」があります。

園比屋武御嶽の石門、世界遺産 ©pixta

ただし、その起源、つまりいつからそこが神を祀って拝む場所となっているのかについてはわかっていません。いつの時代においても、何はさておき最初からそこにあった、という感覚のようです。

琉球王国の正史『中山世鑑』（1650年成立）には、琉球に伝わる、次のような天地開闢《かいびゃく》神話が収録されています。

阿摩美久《あまみく》（女神の名で別名はアマミキヨ。琉球を創世した神）、土石草木ヲ持下リ、島ノ数ヲバ作リテケリ。先ヅ一番ニ、国頭ニ、辺土ノ安須森、次ニ今鬼神ノ、カナヒヤブ、次ニ、知念森、斎場嶽、藪薩ノ浦原、次ニ玉城アマツヾ、次ニ久高コバウ森、次ニ首里森、真玉森、次ニ島々国々ノ、嶽々森森ヲバ、作リテケリ。

琉球を創世した女神である阿摩美久がつくった「嶽々森森」がすなわち「御嶽」となっていった、と考えられます。

阿摩美久は天帝から命じられて沖縄の島々をつくりました。天帝は、琉球神道とも呼ばれる沖縄の信仰の最高神で、日の大神や日神とも称される太陽神に他なりません。

また、御嶽には、後世、その時代時代の人々が聖地と定めていったものもあります。18世紀初期に成立した琉球の伝説集『遺老説伝』には、畑を耕していたところ突然2つの大きな塊石が飛来するのを見て御嶽とした、とか、周囲の讒言《ざんげん》が元で王朝から理不尽な扱いを受けて滅びた名士一族の屋敷に不思議に繁茂した樹木を御嶽とした、などといった起源伝承が残されています。

御嶽という言葉そのものの由来は、神が存在すると古代から考えられていた自然の聖地を山の御岳＝御嶽から、「オダケ」、「オダキ」、「ウタキ」などと呼び慣わされたものと考えられます。

いずれにせよ、大自然の中の岩石や樹木、川や泉などの水源を聖なるものと考える、自然神の威厳や栄光を表現した言葉が「御嶽」です。ここには、まさに自然道という縄文文化・文明の宗教観があります。

世界文化遺産、斎場御嶽と岩石信仰

「斎場御嶽」は、「琉球王国のグスク及び関連遺産群」の一つとして2000年に世界文化遺産に登録された、おそらくは最もよく知られている御嶽です。

この「斎場御嶽」の所在地を見てみると、たいへん興味深いことがわかります。斎場御嶽の所在地は、「沖縄県南城市知念字久手堅サヤハ原」です。久手堅は「くでけん」と読みます。そして、「サヤハ原」にあてられている漢字はありません。

斎場御嶽はサヤハ原にあるところから、「サヤハタケ」や「サイハノウタキ」、単に「サイハ」とも呼ばれます。斎場《せーふぁー》自体、サヤハからの展開です。

問題は、サヤハの「ヤハ」です。

斎場御嶽の南西約8キロメートルの海岸・百名の浜に「ヤハラヅカサ」という拝所があります。満潮時に

百名の浜のヤハラヅカサ ©pixta

は海面にぽっかりとその頭を際立たせる奇岩です。このヤハラヅカサは先出の琉球創世の女神アマミキヨが最初に足を降ろした場所だと伝えられています。

サヤハ原の「ヤハ」およびヤハラヅカサの「ヤハ」は、『旧約聖書』の「ヤハウェー」ないし「ヤーウェー」に由来していると考えられますが、実はそれは少々即断的すぎるようです。

斎場御嶽の場合、サヤハであって、「ヤ」で始まるわけではありません。なぜ頭に「サ」が付いているのかということについて、研究者の中島尚彦氏は次のように分析しています。

《「サヤハ」はヘブライ語で「喜ぶ」を意味するsas、サッ（sas、サッ）に「ヤ」の語尾が足された言葉であり、「神を喜ぶ」の意味になります。斎場御嶽の三庫理《さんぐうい》、今日では斎場御嶽の名称は「セーファ」と発音され、一般的には「最高位」を意味すると言われていますが、その根拠は定かではありません。むしろ、境界地帯やフロンティアを意味するsefar、セファ（sefar、セファ）というヘブライ語を本来の語源と考えた方が言葉のルーツをより良く理解できます。神が住まわれる天界と人間の属する地上界との境目が「セファ」であり、そこに神が降臨すると考えるヘブライ語の理解は大変わかりやすく、斎場御嶽が最高位である御嶽であることを見事に一言で言い表すものです。斎場御嶽では斜めに折り重なる三庫理の巨大

斎場御嶽、三庫理 ©pixta

岩石が、その聖域を象徴しています》（前掲ウェブサイト『日本とユダヤのハーモニー＆古代史の研究』）

　斎場御嶽が聖域であることを象徴する「斜めに折り重なる三庫理《さんぐうい》の巨大岩石」こそは、縄文時代以来の日本の自然信仰のあり方に見られる、それに共通した、典型的な場所です。

　琉球にやって来たユダヤ人たちは、こうした琉球および日本の自然信仰のあり方を継承したことになります。まさに、『旧約聖書』「申命記」にある《あなたはその所（地の果て）で、あなたも、あなたの先祖たちも知らなかった木や石のほかの神々に仕える》ということです。

　また、ヤハラヅカサについて中島尚彦氏は次のように分析しています。

《「ヤハラヅカサ」の「ヤハラ」については、ヘブライ語で「山」、「台」そして「土塁」や「突き出した部分」を意味するhar、ハー（har、ハー）がそのルーツにあるようです。その言

干潮時のヤハラヅカサ ©pixta

葉に神を意味する「ヤ」を足すことにより、「神の山」もしくは「神の立石」を意味するようになります。「ヤハラヅカサ」に立つ岩石の容姿を言い表すのに相応しい名称です。淡路島の神籬石《ひもろぎいし》や、大湯環状列石の中心石等も天を指して真っ直ぐに立っていますが、「ヤハラヅカサ」においても、同様の形状をした岩石が古くから聖なる指標として存在していることは、これらに何らかの因果関係がある可能性が高いことを示唆しています》(前掲ウェブサイト『日本とユダヤのハーモニー&古代史の研究』)

もともとユダヤ人の信仰には、岩石への信仰はありません。「申命記」に、「あなたも、あなたの先祖たちも知らなかった木や石のほかの神々」と書かれている通りです。ユダヤの信仰と、日本の縄文古来の自然神信仰が出会って初めてできた言葉が「ヤハラ」である可能性があります。

伊平屋島は神武天皇が誕生した島？

沖縄本島の北端・辺戸岬の北西40キロメートルのところに「伊平屋島《いへやじま》」という島があります。沖縄県島尻郡伊平屋村の主島で、沖縄県最北の有人島です。

伊平屋島は別名を「てるしの」の島、と言います。「てるしの」は、漢字で表記すれば「照神」となるでしょう。太陽神を礼拝する島としても知られているのが伊平屋島です。

伊平屋島とイスラエル系渡来人の関係について、研究者の中島尚彦氏は、《伊平屋は漢字表記では恵平屋とも呼ばれ、その漢字名を逆さに読むならば、「ヤヘエ」、「ヤーヘイ」となり、ヘブライ語で神を意味します》(前掲ウェブサイト)と述べています。那覇を中心に「安息の島」沖縄島へのユダヤ人の渡来者が多くなるにつれて伊平屋島は琉球の聖地として認知されるようになった、ともしています。

伊平屋島というう島がたいへん興味深いのは、「クマヤ洞窟」という洞窟の存在においてです。伊平屋島田名《だな》集落の北側の岩山にあります。2億8000万年前からの堆積岩が波や風に浸食されてできたもので、洞内は高さ約10メートル、奥行き約40メートル、広さ約600平方メートル、と調査されています。沖縄の指定天然記念物です。

この「クマヤ洞窟」は、天の岩戸伝説が伝わる最南端の場所として知られ、観光資源ともなっています。神が籠った洞窟ということで籠屋（クマヤ）洞窟と呼ばれるようになったという説もあります。

そして、こうした説のきっかけをつくったのは、江戸時代中後期の考証学者・藤貞幹《とうていかん》（諱は藤原貞幹。1732～1797年）が1781年に書いた『衝口発《しょうこうはつ》』という一冊の史論でした。天岩戸はクマヤ洞窟だった、神武天皇の出生地は伊平屋島だった、という説を唱えたのです。

天の岩戸伝説が伝わる最南端、伊平屋島のクマヤ洞窟 ©pixta

藤貞幹は、山幸彦が訪れた龍宮は琉球の恵平也島《えへやじま》（＝伊平屋島）だと比定しました。そして、トヨタマヒメの妹タマヨリヒメは、伊平屋島に渡ってきた、中国の呉（紀元前6～5世紀）を創始した太伯の子孫との間に後の神武天皇をもうけた、と主張したのです。

『衝口発』に書かれた論説は大胆なうえに根拠が不透明でしたから、発表当初から物議を醸しました。同時代の国学者・本居宣長（1730〜1801年）が1785年に発刊した『鉗狂人』はそれに対する全面批判本です。タイトル中の「狂人」とは藤貞幹のことでした。

ただし、いくら根拠が薄弱であったにせよ、『衝口発』で天岩戸は琉球の伊平屋島にあったと論ずるに至った藤貞幹の考証学者的な勘といったものは一概に無視はできません。伊平屋島は太陽神を祀る島であるという事実だけでなく、神武天皇が誕生されたという言い伝えがこの島に存在するという事実は、関東・東北の「高天原＝日高見国」から九州へやって来たニニギの子孫である山幸彦の子孫が生まれ、また暮らしてきた島であるという可能性を示唆します。つまり、ユダヤ人渡来以前、少なくとも伊平屋島は、縄文時代＝「高天原」時代において、自然神信仰の島でした。

中島尚彦氏は、《伊平屋は漢字表記では恵平屋とも呼ばれ、その漢字名を逆さに読むならば、「ヤヘエ」、「ヤーヘイ」となり、ヘブライ語で神を意味します》としながら、次のように述べています。

《島の北部には「ヤヘー岩」と呼ばれる巨大な岩石が海辺に隣接しています。天から滴り落ちてきたような岩石の形状は独特であり、古代の民は、この岩を聖なる目印として「神の岩」と呼んだのです》（前掲ウェブサイト『日本とユダヤのハーモニー&古代史の研究』）

この「ヤヘー岩」のすぐ近くに「クマヤ洞窟」があるわけですが、その洞窟の形状について、落石の有様を《人為的に崩された可能性さえ否定できないような不思議な切り口》としながら、中島尚彦氏は次のような興味深い指摘をしています。

伊平屋島のヤヘー岩 ©pixta

《実際にクマヤ洞窟の中に入ってみると、その中は意外に広いことに驚きます。そして奥にある祭壇の右側には、2つに割れた岩が左右に広がるように置かれ、その中間が通り道となっているようです。この2枚の岩こそ、古代イスラエルの民が神との契約のシンボルとして設置した、割かれた生贄《いけにえ》の象徴であると考えられます。旧約聖書創世記15章には、アブラム（後のアブラハム）が生贄を真っ二つに裂いて、互いに向かい合わせて置いた後、アブラムの眠っている間に煙と松明に象徴される神がその間を通り抜け、神ご自身が約束の成就を契約をもって示したことが記されています。この象徴的な出来事から、古代イスラエル人は、1つの体を2つに割いてその間を通ることは、命をかけて約束の契りを結ぶ意味となることを知っており、神との契約を結ぶ儀式がそこで行われたと考えられるのです。このような割かれた岩の祭壇は諏訪大社の裏、守屋山の磐座等にも散見され、クマヤ洞窟の中にそれが人為的に作られていたこと自体、古来、イスラエルの民がその場所で祭祀活動を行っていた可能性が極めて高いことを示唆するものです》（前掲ウェブサイト『日本とユダヤのハーモニー&古代史の研究』）

きわめて興味深い指摘なのですが、巨大な岩を人間が動かせたものとは思われず、こうした類似を、あたかも、『聖書』の一節と同じと考えることはやはり難しいでしょう。『旧約聖書』「創世記15章」にある、《アブラム(後のアブラハム)が生贄を真っ二つに裂いて、互いに向かい合わせて置いた後、アブラムの眠っている間に煙と松明に象徴される神がその間を通り抜け、神ご自身が約束の成就を契約をもって示した》場面とクマヤ洞窟の様子との一致が指摘されていますが、あくまで岩石の類似を恣意《しい》的に解釈しているに過ぎないと言うことができるでしょう。

「剣山本宮 宝蔵石神社」の背後に聳（そび）える御神体の巨石「宝蔵石」。磐座とは、古神道における岩に対する信仰のこと ©pixta

また、同研究ウェブサイトの《クマヤ洞窟を有する巨大な岩石の容姿そのものは、四国剣山に向かう途中の山麓に存在する巨大な磐座《いわくら》に酷似しているだけでなく、海岸沿いの島にも同じ形状の巨石が彫り砕かれて残され、また、その形をモデルとしたミニチュア版の磐座も、諏訪大社の奥宮である裏山の守屋山の山麓上に見出すことができることからしても、クマヤ洞窟との関連性を匂わせています。

特に守屋山は古代集落として名高い阿久遺跡のそばに聳え立つ名山であり、阿久遺跡と列島の中心である淡路島とは地理的な相関性がある》という指摘もきわめて興味深いのですが、自然の岩の形状というものは、人間がそうさせたものでも、ましてや西洋における「神」、つまり『聖書』の文化圏にはいない者にとっては「神という幻想」がそうさせたものでもありません。

自然の岩石というものを崇める洞窟信仰も磐座信仰も、縄文時代以来の自然信仰が継続しているものであり、ユダヤ人たちが来る前から存在したものです。

つまり、伊平屋島に見られるような自然信仰は、元来、『旧約聖書』とは関係がありません。だからこそ、「申命記」に《あなたはその所で、あなたも、あなたの先祖たちも知らなかった木や石のほかの神々に仕える》とあるのです。

洞窟信仰や磐座信仰がユダヤ人の信仰と重なるとすれば、それは渡来ユダヤ人が日本人に同化した後のことです。つまりユダヤ人が琉球にやって来る以前に縄文はあり、渡来するまでユダヤ人は、縄文的な自然信仰などは行っていなかったはずです。

すでにお話ししたように、九州・鹿児島に天孫降臨した後、ニニギとその一族は統治の完成に手間取りました。ニニギ系統、つまり高天原系・日高見国系の政権が統治完成の作業を進める時代こそがすなわち山幸彦が龍宮にいた時代です。

つまり、ニニギの一族の政権は天孫降臨した南九州にあったのではなく、琉球諸島の中を移動していたと考えられます。「山幸彦政権」あるいは「山幸彦王朝」と言ってもいいでしょう。

そして、この政権に加わったのが、海幸彦に象徴される、波状的に琉球にやって来るユダヤ人系の人々だったのです。海幸彦が山幸彦に降参して最終的には和解する釣り針の兄弟喧嘩の逸話に象徴されているわけですが、渡来ユダヤ人は決して原住の日本縄文人と対立することはありませんでした。

渡来ユダヤ人は、むしろ、琉球ないし日本の豊かな風土に適合し、日本人に同化していきました。それはまた、ユダヤ人たち本来の砂漠民族・中東民族の信仰や行為（たとえば建築技術や戦争技術）が日本の文化・文明に取り入れられていく、ということでもありました。

第五章

沖縄に伝わるユダヤ的文化の数々

～日本に同化していく渡来人

パーランクーの太鼓を持つ沖縄のエイサー ©新垣徳満／アフロ

現代に残る沖縄の御願としてのウマチー、沖縄県与那原大綱曳
©kodansha／アフロ

『旧約聖書』の「土」とは違う沖縄・日本の「土」

沖縄で語り継がれている伝説に関する研究書は数限りなく存在します。その中で、沖縄の伝説とユダヤ人との関係を述べた著作の代表的なものとしてはまず、『おきなわルーツ紀行　聖書でひも解く沖縄の風習』（小林ゆうこ、与儀喜美江、呉屋弘光・編集、球陽出版、2010年）が挙げられるでしょう。

サブタイトルにある通り、同書では、沖縄の風習と『聖書』に書かれていることとの共通点を中心に論考がなされています。たとえば、『旧約聖書』「創世記」に書かれている、禁断の林檎を食べたアダムに向かって言う、次のような神の言葉を取り上げています。

《あなたは顔に汗してパンを食べ、ついに、土に帰る。あなたは土から取られたのだから。あなたは、ちりだから、ちりに帰る》（「創世記」3章19節）。

前掲書『おきなわルーツ紀行』は、この一節が、沖縄の土と人間の関係を物語る伝説と大きな共通点がある、としています。その伝説とは「花の（花ぬ、とする場合もある）カジマヤー（風車）」と題されることの多い伝承です。沖縄では誰もが知っているという97歳の長寿のお祝い「花のカジマヤー」の起源伝承で、おおむね次のようなストーリーです。

1. この地に人のいなかった頃、天の神が地に降りた。たいそう柔らかそうな「土」があったので天の神がその土を手にとって遊ぶうちに人の形になった。

2. 人の形の出来がよかったので、天の神は、「息を吹き込んで」人間をつくろうと思い、合計6体の土の人形をつくった。

3. 太陽が昇るのと同時に息を吹き込もうということで、翌朝、天の神が再び降りてくると、6体の人形が壊されていて元の土に戻っていた。

4. 何度人形をつくっても同じ事件が起こるので、天の神が待ち伏せをしてみると、白髪の老人が犯人だった。抗議すると白髪の老人は「許しもなく私の土を使うとは何事だ」と言う。白髪の老人は地の神だった。

5. 天の神は地の神に、土を貸してくれるように頼む。百年経ったら土を返すことを約束して、天の神は土の人形に生きを吹き込み、男女の人間を誕生させ、人間は増えることととなった。

6. 97年経った時、地の神が土を返せ、と言ってきた。閏年が3回あるのですでに100年になるのだ、という。

7. 天の神は、人間を可愛そうに思って悩む。97歳まで生きた人間はごくわずかで、せめてあと数年待ってもらえないか、と地の神に頼み込む。

8. 地の神は「神は私の他にもいて、決め事についてはきちんと守らないとメンツが立たない」と最初は断るが、いよいよ、次のような知恵を出す。「97歳になった人間には花のカジマヤー（風車）を持たせ、子供の格好をさせなさい。いま生まれたばかりだと思わせれば、他の神様は納得しないまでも騙されるから」

この沖縄の伝承には『旧約聖書』「創世記」と次の共通点がある、と前掲書『おきなわルーツ紀行』は指摘しています。

※人間は土でできていて神の姿に似せてつくられた
※神が息を吹き込むことで生き始める

したがって沖縄の伝承は聖書に影響を受けている可能性がある、ということなのですが、しかしこの論説には重要な視点が抜けています。「土」というものの意味が、『旧約聖書』における「土」と沖縄ないし日本の「土」とでは異なっている、という視点です。

天地創造などしていない日本の神々

『旧約聖書』「創世記」には、神が天地を創造した、と書かれています。一方、沖縄の創生神話、そして、『古事記』および『日本書紀』の天地開闢神話における神は、天地創造などはしていません。沖縄、日本では、天地は最初からあります。ここのところは、『旧約聖書』の創世神話と沖縄、日本の創世神話の大きな、そして決定的な違いです。

結論から先に言えば、「創世記」に書かれた「土」は、あくまでも『旧約聖書』の神という「人格神」がつくったものであり、沖縄・日本が考えるような「自然」の「土」ではありません。

「創世記」において人間が形づくられた「土」は、ヘブライ語で「アダマー」と言います。アダマー（土）からつくられた最初の人間なので、語呂合わせで「アダム」と名づけられたことになっています。

聖書解説家の久保有政氏は、この「アダマー」という言葉が沖縄に伝わっているとして、次のように述べています。


《そして興味深いことに沖縄の人は、人が亡くなって土に帰ろうというときに、

「アダマーの神よ」

と呼びかけて祈るのだ。こう祈る。

「アダマーの神にお願いします。〇〇が亡くなりました。どうぞお願いします。骨は朽ちることなく、時が来るまで神の守りの中に置いて下さり、肉は肉開かせて土に帰してください。人の霊は、天の国の親加那志（うやがなし　宇宙の創造者なる絶対神。加那志は様の意味）が清めて下さり、受け取ってください。天の神々へ、この世の者たちからのお願いは、〇〇が生前、神を畏れない行為や罪があったなら、どうぞ私たちにその罪科は負わせないで下さい」》（『神道のルーツとユダヤ　日本の神道と伝統的風習の起源は古代イスラエル人！』久保有政、レムナント出版、Kindle版、２０１４年）

久保有政氏は同書の中で、《このアダマーはアダムのことであろう。古代イスラエル人は、神に祈るとき、「アブラハムの神よ」「イサク、ヤコブの神よ」などと呼びかけて祈ったが、「アダムの神よ」と呼びかけてもよい。神はアダムの神でもあられる》と述べています。また、《この沖縄の祈りは、内容も古代イスラエル人的な祈りだ》とも指摘しています。

確かに、右の引用の中にある《アダマーの神にお願いします》で始まる沖縄の弔いの祈りは非常に聖書的な祈りです。《骨は朽ちることなく、時が来るまで》とあるのは、世界の終末における死者の復活の時の到来を祈っているものと考えられ、これはまさに「最後の審判」「復活」という『聖書』的な観念です。「エゼキエル書」には、「枯れた骨が復活する」という内容の予言もあり、また、先祖の罪咎が子孫に影響するという考え方も「出エジプト」に見られるような『聖書』的な観念です。

右の引用の中にある沖縄の弔いの祈りには、確かに「死体は復活する」というユダヤ人の信仰があります。しかし日本には、霊魂は残るにしても、身体が復活するという信仰はありません。身体は自然の「土」に帰るのです。縄文時代の墓が穴のみで構成され、骨だけが残されていることからも、それはわかります。その骨の多くはまた、「土」に溶かされてしまっています。

奈良時代成立の日本最古の歌集『万葉集』の巻二、二〇七に始まる柿本人麻呂の歌は、「妻が亡くなった後に泣き悲しんで作った長歌および短歌」という意味の表題が付いています。そのうち、二一二は次のような一首です。

衾道を　引手の山に　妹を置きて　山路を行けば　生けりともなし
（ふすまじを　ひきてのやまに　いもおきて　やまじをいけば　いけりともなし）
［訳］引手の山に妻の亡骸を葬り、山路を帰ってきたが、悲しくて生きた心地がしない

訳は「妻の亡骸を葬り」ということになりますが、あくまでも歌は「いもおきて」であり、引手の山に「妻がいる」と詠んでいるわけです。山の「土」に帰る、という思想に他なりません。
『神道のルーツとユダヤ　日本の神道と伝統的風習の起源は古代イスラエル人！』の筆者は、沖縄と古代イスラエルの類似関係を、あたかも、古代イスラエルの風習が沖縄を支配したかのように論じています。確かに、たとえば沖縄の伝統的な行事のほとんどが旧暦で行われていてイスラエルの暦との類似点が多いなどということもありますが、だからといって、宗教観までが同じということにはなりません。

一見、ユダヤ人と沖縄の人々の考え方が一致しているかのように見えますが、沖縄および日本の根本的な伝統は明らかに自然神信仰です。そこにユダヤ人の一神教と祭祀が入ってくるという歴史があり、沖縄の人々はユダヤの宗教観を排除することなく、自らの自然神に重ね合わせていくことで融和していったのです。

沖縄の伝承ないし風習の中にある自然神をユダヤ一神教の神であるかのように解釈すると誤りが生じることになります。

なかには積極的に採用した、置き換えた、と言ったほうがいいようなものもありますが、沖縄には、縄文以来の沖縄の元々の風習をユダヤの風習と融和させた例が数多くあります。そうした風習あるいは伝承をいくつか見ておきましょう。

「シマクサラシ」（カンカー、ハンカーとも呼ばれる）

沖縄、というよりも琉球諸島全域にわたって、と言ったほうがいいのですが「シマクサラシ」という非常に興味深い儀礼があります。各村落単位で行われる儀礼で、牛や豚など動物の骨あるいは肉を挟んだ左縄（左回りに撚《よ》った神事用の縄）が村の入口に張り渡されるのですが、その目的は、村への災厄の侵入を防ぐこと、です。

シマクサラシは主に旧暦の2月（新暦の2月下旬から向こう一か月にわたる）に沖縄諸島、宮古諸島、八重山諸島の琉球諸島全域で広く行われる儀礼です。ただし、学術的調査によればシマクサラシは地域それぞれ年間を通して行われており、8月もまた、シマクサラシが実施されることの多い月です。流行病があれば臨時に実施される場合もあります。また、八重山諸島では左縄に骨や肉は挟まず、動物の血を塗るのが一般的だそうです。

シマクサラシは、ユダヤの重要な祭りのひとつである「過越《すぎこし》の祭り（ペサハ）」（英語ではパスオーバー、passover）の由来に影響されて成立した儀礼なのではないか、という説があります。

「過越の祭り」がなぜ「過越」なのか、それは『旧約聖書』「出エジプト記」に書かれた次のような逸話によります。出エジプトがどのように行われたのかの説明でもあります。『旧約聖書』の神は、ユダヤを解放しようとしないエジプトのファラオを改めさせるために「十の厄災」をもたらすのですが、モーセに対して厄災を迎える準備を整えて無事にエジプトから脱出するように、と言います。その「十の厄災」のひとつに、「エジプト全土の、人であ

『十戒の石板を破壊するモーセ』（レンブラント画、1659年作）

ローマのサンタ・マリア・マッジョーレ大聖堂にあるモーセの兄、アロン像（ニコラ・コルディエ作、1650年）

れ家畜であれ、すべての初子の命が奪われる」というものがありました。

主はモーセとアロン（モーセの兄）に言った。

1. 当月を年の初めの月とせよ。
2. 10日に傷のない1歳の雄の子羊か山羊を用意しろ。14日に再び傷がないか確かめ、夕暮れに屠殺して、その血を家の入り口の2本の柱と鴨居に塗れ。
3. その夜、その肉を焼き、種無しパンと苦菜で食べろ。
4. その夜、神はエジプト中を巡って人と家畜の初子の命を奪う。
5. ただし、家の入り口に血が塗ってあれば、神はその家を過越《すぎこ》す。
6. この日は、ユダヤの民にとって記念すべき日となる。代々、この日を主の祭りとして祝え。

7．祭りは7日間行い、その間は種無しパンを食べなくてはならない。
（「出エジプト記」12より）

「過越」の由来は、5の神の言葉にあります。ユダヤの民はモーセが聞いた神の言葉に従って家の入り口に屠殺した家畜の血を塗り、自分たちの初子の命を守ったのです。初子の命を奪うためにエジプト中を巡回した神は、入口に血のある家を「過越」したわけです。

ファラオは具体的には長男を失うなどの厄災にあって身を改め、ユダヤを解放するのですが、すぐに方針転換をして軍隊を派遣し、エジプトを発ったユダヤ人たちを追い詰めます。そして、紅海に差し掛かった時にモーセが、有名な「海割り」を起こしてユダヤを渡らせ、軍隊を海に沈めます。

つまり、ユダヤ人にとって「過越の祭り」は、出エジプトに至るきわめて重要なタームであり、「過越の祭り」は、代々必ず引き継いで祝えとすべてのユダヤ人が神から命令されている祭りである、ということになります。

厄災を避けるために家の入り口に血を塗った出エジプト前のユダヤ人の行動と、今でも厄災を避けるために動物の骨や肉あるいは血を付着させた左縄を村落の入口に張り渡してシマクサラシの儀礼を行う沖縄の人々の行動には、動機および方法に共通するものがあります。

日本人はそもそも海を渡ってきた日本列島への渡来者でした。出エジプト後の紀元前10世紀頃から、ユダヤ人たちは、「東の島々」に向かうべく太平洋へと船を漕ぎ出しました。まずは台湾との間で船の行き来を盛んに行い、その後、アジア大陸の東岸沿いを北上して朝鮮半島から対馬方面に向かう航路を認知していったと考えられます。

日本列島全体を連絡するような渡航経路はまだ存在していなかったにせよ、ユーラシア大陸から日出る国・日本に向かう人々がおり、その中に間違いなくユダヤ系統の人々がいたのです。

家の扉に印をつけるユダヤの民 イラスト：Kinako

縄文時代においては、琉球諸島や北海道、東北、本州中心部など今に日本列島と呼ばれる列島の各地に集落が形成されていました。そして、それらの集落には、ユーラシア大陸を経由して、まずは日本列島の南方にやって来ていたユダヤ系統の人々が北上するかたちでやって来ていた可能性の高いことが昨今の研究によって指摘さ

過越の祭のテーブルセット

現代の過越祭の食事 ©Alamy ／アフロ

れています。琉球諸島をはじめとする日本列島南海の島々を経由して列島本島に渡航する民は、古代から存在したに違いありません。

ユダヤの「過越の祭り」は、ユダヤ暦の年の始まりである第1の月（ニサン）の14日目に行われ、一般的にはその後7日間続きます。正式には「過越の祭り」は最初の1日で、あとの7日間は神がモーセに伝えた7の「種無しパンの祭り」だそうです。ニサンは新暦で言うと、3月から4月にあたります。

そして、沖縄のシマクサラシは旧暦の2月頃、つまり新暦の3月あたりを中心に行われます。暦というものにも共通性を見出すことができます。渡来ユダヤ人が持ち込んだ風習を、沖縄の風習として受け入れたものである可能性は高いと考えられます。

動物を生贄にして厄災を防ぐ、という習慣は、まさに渡来ユダヤ人の習慣です。縄文時代の遺跡ないし出土品には、祭礼ないし儀礼で屠殺された動物のものと考えられるような遺物や骨、あるいは儀礼場らしき場所などは見出されません。

色濃く残る、沖縄の年中行事ウマチー、麦や稲の「初穂祭り」その他

沖縄の祭りウマチー。祭祀を司る白衣のノロの周りに集まる人たち（1974年）©Kodansha/アフロ

現代に残る沖縄の御願としてのウマチー、沖縄県与那原大綱曳 © 新垣徳満／アフロ

沖縄には、「ウマチー」という、村の五穀豊穣や村の繁栄を祈願する年中行事があります。現在、旧暦の2月、3月、5月、6月のそれぞれ15日に開催されていますが、少なくとも琉球王朝時代には日付までは決められておらず、15日という日付は明治以降に日本政府によって定められ

ました。

ウマチーの中でも、二月ウマチー（ニングァチウマチー）は「麦の初穂」を、五月ウマチー（グングァッチウマチー）は「稲の初穂」を神に供える行事です。この「初穂祭り」をはじめ、沖縄の風習とユダヤの風習の共通点について、中島尚彦氏の興味深い分析がありますので紹介しておきましょう。

初穂祭り

《これらも小麦の刈り入れの際に収穫祭を行い、初穂の穀物を神に捧げたイスラエルの風習に類似点が見られます。その他、1年中の祭りを通して比較検証すると、トゥシヌユルは過越の祭り、16日は初穂の祭り、3月3日は七週の祭り、カシチーは復活祭、十五夜は仮庵の祭り、カンカーは過越の祭り、そして柴指は大贖罪日と照らし合わせることができ、相互に類似点が多く見られます。イスラエルからの渡来者により培われた宗教文化の存在がなければ、これ程多くの共通点を見出すことは難しく、沖縄に潜むイスラエルのルーツを決定づける根拠となります》

豊饒祭

《古来の豊穣祭など様々な祭礼や宗教儀式はイスラエルのものと類似点が多く、特に動物犠牲の風習がイスラエルのものと酷似しています。イスラエルの民は聖書の教えに基づいて豚を食べませんが、琉球でも豚には悪霊が入ると信じられ、豚を3日間食べない風習が残されていただけでなく、家に入る前に豚小屋で豚を鳴かせてから家に入り、厄払いをしたという風習もありました》

パーランクーの太鼓を持つ沖縄のエイサー © 新垣徳満／アフロ

沖縄の楽器

《伝統的な琉球音楽ではパーランクーの太鼓と3本弦の三線を用います。聖書の記述によるとダビデ王の時代、民衆は太鼓を打ち、三弦琴を奏でていたことから(サムエル上18章6節)、お祭りの奏楽にも共通点があります》

仮庵《かりいお》の祭り

《仮庵の祭りでは、イスラエルの民は小さな小屋に籠もり、神からの救いに預かった歴史を顧みながら神に祈りを捧げましたが、琉球でも昔は祭りの日になると、藁で作られた小さな小屋で月を眺める風習が一部の島で続いていました》

（筆者注：《藁で作られた小さな小屋で月を眺める》祭は、自然信仰である月への信仰であってイスラエルの神ではないと考えられます）

アダムとイブ（エヴァ）

《聖書には人類の祖先としてアダムとイブの話が記載されています。同様に沖縄の離島、古宇利島でも裸の男女の子供が餅を食べて生活をし、その子孫から沖縄の人々が誕生したという言い伝えが残されています。また、沖縄には男はソーキブニ、肋骨が1本足りない、という言い伝えがあります。それは女性の為に男が愚になることを言い表していますが、イスラエルの民も聖書の記述から、女性は男性のあばら骨の一つから作られたと信じていました》

ニライカナイ

《沖縄古来の「ニライカナイ」信仰によれば、遥か遠い東の海の彼方に楽園があり、そこから沖縄の神はやってきたと信じられていたことにも注目です。イスラエルの民も、東の島々

美しい橋として、人気の観光スポットになっているニライカナイ橋（沖縄本島南部の南城市）©pixta

に約束の地があることを信じて琉球界隈まで到来しましたが、そこは単なる玄関に過ぎず、その先に更に目的地に繋がる島々があるという認識を持っていたのです。つまり、「ニライカナイ」信仰と同様に琉球諸島の先には、永遠の命に至る理想郷、約束の場所があるとイスラエルの民も信じていたのです》

《「ニライ」はneer、ニー（neer、ニー）と·i、イ（·i、イ）という2つのヘブライ語を混合した言葉です。前者はイスラエルのキブツと呼ばれる集団生活の拠点を称する名前の頭3文字としても頻繁に使われる言葉です。原語の意味は「耕された畑」です。つまり、「ニー」、「ニラ」とは、穀物が収穫できる良地を象徴する言葉であり、それ故、イスラエルのキブツの名称に用いられています。また、後者の「イ」は島を意味します。すると「ニライ」とは、「耕された畑の島」、すなわち、食物が豊かで、居住しやすい楽園の島を意味することになります》

《「カナイ」の語源を理解するために、ヘブライ語で「取得」を意味するkanah、カナ（kanah、カナ）の語尾が変化したkanooy、カヌイ(kanooy、カヌイ)という言葉に注目してみました。この言葉には土地や名声を手にするという意味があり、取得して後、その土地に永住するというニュアンスが含まれています。すると、「ニライカナイ」の意味がヘブライ語で明確になり、直訳すると「耕された畑の島を得て長く住む」という意味を持つ言葉であったことがわかります。すなわち「ニライカナイ」とは、食物に溢れ、長寿を全うできる「理想郷の島」で永住することを意味していたのです。それは正に、神がイザヤに約束した東の島々を意味するものであり、イザヤの一行が目指した最終の目的地を指していたのです》

（前掲ウェブサイト『日本とユダヤのハーモニー&古代史の研究』）

先にも触れた『中山世鑑』という琉球王国の「正史」には、沖縄の初元の神は「アマミキヨ」という女神と「シネリキヨ」という男神だ、と書かれています。これは『旧約聖書』「創世記」のアダムとイブのことではないか、という説があります。

また、「創世記」には人類の祖先としてアダムとイブの話が語られ、右記引用で中島尚彦氏も指摘しているように、沖縄の離島・古宇利島には「裸の男女の子供が餅を食べて生活をし、その子孫から沖縄の人々が誕生した」という言い伝えが残されています。

アダムとイブ（アルブレヒト・デューラー画、1507 年作）

この2つの言い伝えは、一見、人類の発生を語った同じ話に見えます。しかし、アダムとイブの2人は、「禁断の木の実」を食べて「楽園」を追放されてしまいます。一方、古宇利島の裸の男女の子供は追放などされずに沖縄の人々の祖先となっており、「創世記」とは異なる内容の言い伝えとなっています。

渡来ユダヤ人にとって、沖縄はエデン（理想郷、楽園）だったかもしれません。そして、さらに「東の島々」を目指した場合、琉球諸島の東といえば、そこにあるのは日本列島に他なりません。

縄文時代から、日本列島は、沖縄を通過地点として移動していくべき「天国」と認識されていた、と考えられます。人類発祥の地・アフリカから長い年月を経てやって来る人々にとっては、日本列島こそが目指すべき「太陽の昇るところ」でした。

私は、八重山諸島の北にある沖縄諸島＝龍宮＝琉球諸島にユダヤ系の人々が集まり、そこを安息の島として居住し始めたことが、『記紀』に書かれているニニギの天孫降臨の動機だと考えています。ニニギは「高天原＝日高見国」から船でまず九州に上陸し本拠地としました。

琉球諸島にユダヤ系の人々が居住し始めたのは紀元前12世紀頃から紀元前7世紀前半頃までのことです。海幸彦系＝ユダヤ系の人々の支配の時代です。

そして、その後、『記紀』ではニニギの子と書かれている、ニニギの一族である山幸彦系統が海幸彦系統を統治下に置きます。つまりこの時点で琉球＝龍宮となり、山幸彦系統が龍宮＝琉球を支配しました。この時代は起源前2世紀まで続いたと考えられます。

美しいハイビスカスと沖縄 ©pixta

その間、日本列島に移動して高天原＝日高見国に移住したのがスサノオ系統の人々でした。縄文時代末期、渡来ユダヤ人系のスサノオ系統の人々が、高天原＝日高見国系の氏族たちに影響を与えることになったわけです。

第六章

沖縄に残る浦島太郎伝説の謎

～山幸彦の琉球王朝

浦島太郎が玉手箱を開けたと言われる長野県木曽郡上松町にある「寝覚の床」©pixta

浦島太郎父子の供養塔がある蓮法寺（神奈川県横浜市神奈川区）©pixta

『欠史八代』の時間に一致する龍宮逗留の時間

沖縄には、いわゆる浦島太郎伝説が残されています。ウサンシー（穏作根子）という名の若者の物語です。ウサンシーというのは伝説が伝わる地元、沖縄本島南部の島尻郡を中心に呼び習わされている名前で、穏作根子には「おさねし」とルビがふられる場合もあります。

島尻郡南風原町の広報ウェブサイトに掲載されている物語の概略は次の通りです。

《ウサンシー（穏作根子）は気品の高い若者でした。ある日、与那久浜《よなくはま》でかもじ（女性の髪に添えつける髪）を拾い持ち主を捜していました。現れた持ち主はとても美しいお姫様でした。姫はとても喜んでウサンシーを善人だとほめ竜宮へ招きます。

竜宮では時の立つのも忘れるほど厚いもてなしを受けました。3カ月が過ぎた頃ウサンシーは帰ろうと思い立ちました。竜宮の神は「すでに33代という時間が経っている、ここで楽しんだらよかろう」と止めましたが彼は故郷が忘れがたく帰る事になりました。姫は名残を惜しんで「この紙包みを私と思い持ち帰ってどんな事があっても開けないでください」

と手渡しました。

故郷に帰ったウサンシーを知る者はやはりいません。一人寂しく村の前の丘に登って行きました。そして姫からもらった紙包みを開けると中には白髪が入っていました。それがウサンシーの体につくとウサンシーは急に老化し死んでしまいました。ウサンシーはその場所に葬られ、その場所はウサン嶽《だき》と名付けられました》

特に興味深いのは、《竜宮の神は「すでに33代という時間が経っている、ここで楽しんだらよかろう」と止めました》という部分です。年数に変換すると、８００年から１０００年ほどということになるでしょう。

沖縄の浦島伝説に、龍宮に33代すなわち８００年間もの長い間逗留した、という話が出てくるところに私は注目しています。『記紀』に書かれているところによれば、山幸彦が海神の宮＝龍宮に逗留したのは3年間です。

第二代綏靖《すいぜい》天皇から第九代開化《かいか》天皇までの8代の天皇は、実在の根拠がないとして、歴史学で「欠史八代」と呼ばれています。第十代の崇神天皇は、先にお話しした通り、ニニギの天孫降臨＝日本列島統治事業を継承した高天原系＝日高見国系の一族による第二次神武天皇政権です。そして、第十代の崇神天皇の在位は、官製の天皇系図では紀元前97〜30年となっていますが、考古学の知見では紀元後の3世紀後半から4世紀前半と推定されています。初代神武天皇から崇神天皇までの時間が、ウサンシーの浦島伝説で語られる33代、つまり800年から1000年という龍宮に逗留した時間と一致しています。

ウサンシーが葬られたウサン嶽《だき》は、今も重要な拝所になっています。

沖縄の浦島伝説、「ウサンシー」桑の杖、大亀の甲羅

沖縄には「ウサンシー」と同種の浦島伝説が数多く残されているといいます。琉球の伝説集『遺老説伝』(18世紀初期成立)の第103話「与那覇村の人竜宮に遊ぶこと」は、ウサンシーの伝説の同書収録版ですが、そこには、「男(ウサンシー)は桑の杖を突き立てて座って休んだ」という興味深い表現があります。

これは、沖縄における桑の起源伝承でもあります。沖縄の桑は、ウサンシーの杖から生じたと伝えられているわけです。つまり、ウサンシーの桑の杖は、異国の桑の木の枝というこ

とになります。また、異話では、龍宮から戻る手段は、桑の杖を海に投じて海を2つに分けた道を行くこと、となっています。

『遺老説伝』の第103話の善縄大屋子《よくつなおおやこ》という人にまつわる伝説には、今の浦島太郎伝説には欠かせない亀が登場します。原文を抄訳すると、次のようになります。

《南風原間切宮平村に、善縄大屋子という人がいた。

ある日、西原間切我謝《にしはらまぎりがじゃ》の海辺で竹編の柵を使って漁をしていると、大きな亀が海中から躍り出た。すると、一人の女性が近づいて来て、「この大亀をあなたにあげよう。早く背負って家に帰れ」と言う。

善縄大屋子は喜んで大亀を背負った。ところが、家に帰る途中で、大亀に首を咬まれ、善縄大屋子は死んでしまう。

埋葬した三日目、慣例に従って家族が墓を見に行くと、善縄大屋子の死骸がなく、墓は空だった。不思議なことに、どこからともなく善縄大屋子の声が聞こえてきた。

「大屋子死して去るにあらず。儀来河内《ギライカナイ》（＝ニライカナイ）に往きて遊ぶなり」》

「一人の女性」とは、大亀の持ち主ですから、海神＝龍宮の住人であると考えられます。そして、亀の登場については、その六角形の甲羅にイスラエルの六芒星《ろくぼうせい》との共通性が認められることを忘れるべきではないでしょう。

六芒星はダビデの星であり、ユダヤ教、あるいはユダヤ民族を象徴する印です。イスラエルの現在の国旗にも描かれています。琉球における龍宮の存在は、ユダヤ人たちの到来のうえに成り立っていると考えられます。

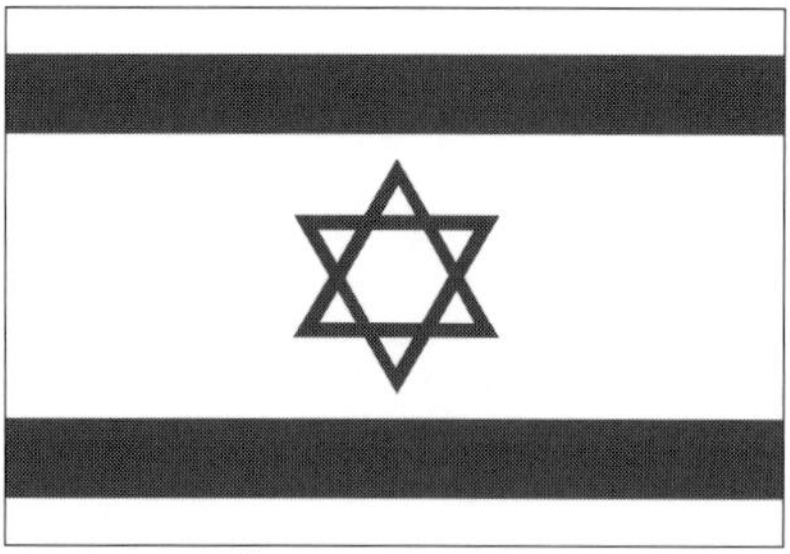
イスラエルの国旗 ©pixta

沖縄に浦島伝説の数多くのパターンが残されているということは、すなわち、山幸彦の伝説がこの地に残されている、ということを意味します。つまり、山幸彦ないし山幸彦の系統は琉球諸島を実際に訪れていた、ということです。

山幸彦ないし山幸彦の系統は、ニニギの天孫降臨＝統治事業を後継して、渡来ユダヤの人々が居住する琉球諸島の統治にあたりました。琉球諸島には、欠史八代の期間中、山幸彦王朝とも言うべき統治政権が存在した可能性が考えられるのです。

おわりに
天孫降臨の本来
～琉球居住の渡来ユダヤ人統治計画

山幸彦海幸彦神話は、高天原＝日高見国系の政治的な動きの表出

日本人なら誰もが知っている御伽話「浦島太郎」は、琉球＝龍宮において、山幸彦海幸彦の物語から派生的に生まれたものです。つまり、歴史上の事実に基づくものとして書かれた『古事記』『日本書紀』の中にはユダヤ人の渡来が隠されています。渡来ユダヤ人が日本に同化するにつれて、その由来がユダヤにあることは忘れられ、琉球＝龍宮を訪れるという物語に取って代わられたのだと考えられます。

『日本書紀』雄略天皇条に、次のような雄略22年秋7月の記事があります。

《秋七月、丹波国与謝郡《たんばのくによさのこおり》の筒川《つつかわ》の人、水江浦島子《みずのえうらしまのこ》が、舟に乗って釣りをしていた。そして大亀を得た。それがたちまち女となった。浦島は感動して妻とした。二人は一緒に海中に入り、

蓬来山《ほうらいざん》に至って、仙境を見て回った》(前掲書『全現代語訳日本書紀(上)』)

ここには中国起源の蓬莱山伝説が窺えます。こうした話が流布していく中で、元々の歴史的事実つまりユダヤ人の琉球渡来といった事象は消えていくわけです。

浦島太郎の伝説は、後世、次のような話に集約されていきます。

むかしむかし、漁師の浦島太郎は、子供たちが亀をいじめているところに遭遇する。太郎が亀を助けると、亀は礼として太郎を龍宮城に連れて行く。龍宮城では乙姫が太郎を歓待する。しばらくして太郎が帰る意思を伝えると、乙姫は、「決して開けてはならない」としつつ玉手箱を渡す。太郎が亀に連れられ浜に帰ると、太郎が知っている人は誰もいない。太郎が玉手箱を開けると、中から煙が発生し、煙を浴びた太郎は老人の姿に変化する。浦島太郎が龍宮城で過ごした日々は数日だったが、地上では七百年が経っていた。

その後、日本の各地で、ご当地の浦島伝説が生まれます。地域性や語られる目的といったものによって物語のディテールは変化していくにせよ、海神の宮＝龍宮の幻想性は人々を深く捉え、諸説が生まれていきました。地域別ということで言えば、40か所ほどにそれぞれの浦島伝説があるようです。

浦島太郎の物語が、『記紀』の山幸彦海幸彦の物語から自立していく過程で、それがそもそも琉球諸島から生まれたことさえ忘れられていくようになりました。沖縄当地では、琉球王国が成立すると、浦島太郎と士族の娘が愛し合うという物語にも変化していきます。

浦島太郎が玉手箱を開けたと言われる長野県木曽郡上松町にある「寝覚の床」©pixta

浦島太郎父子の供養塔がある蓮法寺（神奈川県横浜市神奈川区）©pixta

浦島伝説が伝わる浦嶋神社の絵馬（京都府与謝郡伊根町本庄浜）©pixta

問題は、山幸彦がなぜ琉球に現れ、龍宮の話が出てきたのか、という点にあります。日本の古代史において、茨城・鹿島から鹿児島へと海を渡ってやって来たニニギの一行は、本来、琉球諸島に居住し始めたユダヤ人たちを統治支配するための一行でした。一方で、近畿に天孫降臨してまずまず統治に成功したニギハヤヒ系統の欠史八代の政権は、ユダヤ系の長髄彦（ナガスネヒコ）系勢力によって支配されようとしていました。

山幸彦系の一族は、山幸彦を海神の宮＝龍宮に案内した塩土老翁《しおつちのおじ》から情勢に関する情報を得て、イワレビコ（神武天皇）に東遷を実行させました。イワレビコは大和の渡来ユダヤ人勢力を鎮圧し、第十代崇神天皇として第二次神武天皇政権を打ち立てます。

こうした一連の歴史的事象は、渡来ユダヤを支配下に置くためになされたものです。浦島太郎＝山幸彦は、海幸彦（新規渡来ユダヤ系の人々）の罠（1本の釣針を大海に探すという不可能に近い命令）に引っかかっていました。ニニギ系の勢力（高天原系＝日高見国系）の中には、すでに日本に同化した、塩土老翁をはじめとする第1波渡来ユダヤ系の人々がおり、様々なかけひきが展開されました。

山幸彦海幸彦神話は、歴史的事実つまり高天原＝日高見国系の統治事業下にある政治的な動きの表出に他ならないのです。

付録

茨城・鹿島こそは天孫降臨の出発点

～高天原は関東の古代文明だった

鹿島神宮の「御船祭」 ©pixta

オオクニヌシの像（出雲大社／島根
出雲市大社町） ©pixta

富士山の火口 ©pixta

空撮された仁徳天皇陵、その大きさが
よくわかる ©pixta

『古事記』と『日本書紀』に書かれていないことの重要性

『古事記』と『日本書紀』には、3つの重大な欠落があります。

その1つ目は、東国についての記述の少なさ、ないしは欠落です。

たとえば、「神武東征」という、たいへんよく知られた言い方があります。ただし、神武天皇の東征の「東」は九州から見た東です。奈良、大和までの統一が語られ、中部より東、関東や東北は出てきません。日本列島の3分の2にあたる領域の統一ということはまるで無視されています。

これは、『日本書紀』を読めば明らかなように、もっぱら、東国は蝦夷《えぞ》地と呼ばれる僻地である、とされ続けていることと大いに関係があります。東国は、後に、第十二代景行《けいこう》天皇の御代にヤマトタケルが統制して大和政権下に置いたことになっています。

しかし、どうでしょうか。東国の重要性を考えるうえで見逃せないもののひとつが「国譲り神話」です。オオクニヌシに国を譲らせる折衝にあたったタケミカヅチという神の出自がポイントです。

『古事記』の「国譲り神話」概略

①アマテラスとタカミムスビは葦原中国《あしはらのなかつくに》（高天原に対して地上の国）は高天原の神が統治すべき国と考え、幾柱かの神を派遣するがなかなかうまくいかない。

②高天原の神々は会議を重ねて、「伊都尾羽張神（イツノオハバリノカミ）か、その子の建御雷男神（タケミカヅチノオノカミ）がよい」という結論に達する。イツノオハバリは、「子のタケミカヅチにやらせましょう」と快諾する。

③タケミカヅチは天鳥船（アメノトリフネ）を従えて、出雲の国の伊耶佐《いざさ》の小浜に降り着く。タケミカヅチはオオクニヌシに「アマテラスは、この葦原中国はわが御子の治めるべき国であるとの仰せだ。どう思う？」と告げる。

④オオクニヌシは「私は何も言えない。息子たちに従う」と返答する。唯一抵抗したのはタケミナカタ。タケミナカタはタケミカヅチに力比べを挑むが敗北して信濃国《しなののくに》の諏訪に逃亡する。タケミカヅチに追い詰められたタケミナカタは降伏する。

オオクニヌシの像（出雲大社／島根県出雲市大社町）©pixta

⑤出雲に戻ったタケミカヅチは、オオクニヌシと交渉する。オオクニヌシは壮大な御殿の建設を条件に国を譲る。タケミカヅチは高天原に戻り、葦原中国の平定を報告する。

『日本書紀』の「国譲り神話」概略

①アマテラスの子・正哉吾勝勝速日天忍穂耳尊（マサカアカツカチハヤヒアメノオシホミミノミコト）は、高皇産霊尊（タカミムスビノミコト）の娘・栲幡千千姫（タクハタチヂヒメ）と結婚し、子・天津彦彦火瓊瓊杵尊（アマツヒコヒコホノニニギノミコト）をもうける。皇祖であるタカミムスビは孫のニニギをたいへん可愛がり、葦原中国の君主にしようと考えた。

②タカミムスビは葦原中国を平定するために幾柱かの神を遣わすが、なかなかうまくいかない。会議を重ねる中で、磐裂根裂神（イワサクネサクノカミ）の子で、磐筒男・磐筒女（イワツツノオ・イワツツノメ）の子、経津主神（フツヌシノカミ）が推薦される。その時、稜威雄走神（イツノオハシリノカミ）の子の甕速日神（ミカハヤヒノカミ）の子の熯速日神（ヒノハヤヒノカミ）の子である武甕槌神（タケミカヅチノカミ）が、「フツヌシだけが丈夫《ますらお》ではないぞ」と進み出る。葦原中国には、フツヌシとタケミカヅチが遣わされるこ

とになった。

③フツヌシとタケミカヅチは出雲の国の五十田狭《いたさ》の小汀《おはま》に降り到り、大己貴神（オオナムチノカミ。オオクニヌシの別名）に交渉する。オオナムチは「わが子と相談する」と答え、息子は「天神《あまつかみ》の仰せに逆らわないほうがいい」と言い、オオナムチは「去ることにする。私が抵抗すれば国中の神々も同じように戦うだろうが、私が身を引けば従わない者はいないはずだ」とする。

④フツヌシとタケミカヅチはいまだ従わない神たちを誅していく。邪神や草木、石に至るまで平定し、高天原へと戻り、成果を報告する。

タケミカヅチは、茨城の鹿島神宮の祭神です。タケミカヅチを祀っている神社としては奈良の春日大社が有名ですが、春日大社は、社伝にも書かれている通り「鹿島からやって来た」タケミカヅチを祀っているのです。つまり、タケミカヅチは関東・東国を本拠としていた神なのです。また、『日本書紀』の「国譲り神話」にのみ登場するフツヌシは、千葉の香取神宮の祭神です。

鹿島から出たタケミカヅチがオオクニヌシに国を譲らせたということを考えると、神武天皇以前においては東国のほうが日本列島西国よりも強大な文明と文化を持っていたと考えるほうが自然です。

重大な欠落の2つ目は、『記紀』には富士山が出てこない、ということです。

大和地方の様子や三輪山の信仰のことなどは書かれていますが、東国の富士山については『記紀』には記述がありません。成立に数十年のタイムラグしかない『万葉集』には登場しますから、当時の人々が富士山を知らなかったはずはありません。

そして重大な欠落の3つ目は、天皇の歴史を記述しておきながら、前方後円墳についての記事がないことです。

春日大社（奈良県奈良市）©pixta

日本国内には、300メートル以上の大型古墳7基、100メートル以上の古墳302基をはじめ、総数20万基とも言われる古墳が存在します。『記紀』には、これだけの建造物についての記述がありません。これはまた、現在、古墳が天皇陵として認知されなくなった原因ともなっています。仁徳《にんとく》天皇陵などは、延べ680万人もの労働力を要したという現代建築企業の概算もあります。国家的大事業だったことは間違いないはずですが、これも触れられていません。

『記紀』には、当然書かれてあってしかるべきものが書かれていないのです。そこには必ず、意図的なものがあるはずです。

私は『美しい「形」の日本』（ビジネス社、2013年）の中で「文字より『形』の日本文化」という論文を書き、「日本人の習慣として、形で表現されているものは文字として残さない傾向がある」と述べました。詳しくは『美しい「形」の日本』をお読みいただければと思いますが、文字に残すことで、聖なる場所の崇高さが壊される、つまり神話的世界が破壊される、という考え方が当時の日本人の中にはあったのです。

関東を語らないということは、関東に聖なる場所があった、ということを意味します。富士山も、また、古墳も聖なる場所であって、語ることにはそれを穢す危険性があると考えられていたのです。

つまり、高天原は関東にこそあった、ということです。

空撮された仁徳天皇陵、その大きさがよくわかる ©pixta

「高天原」と茨城県の「鹿島」の関係

高天原はどこにあったのか、という問題を考えるにあたってまず参考にすべきなのは、『常陸国風土記』です。現存している風土記の中で、唯一、次のように高天原からの天孫降臨を伝えています。

《清と濁と集まることができて、天と地がひらけはじめるより前に、諸祖天神が八百万《やおよろず》の神たちを高天の原につどい集められた。その時、諸祖神が告げていうには、「いま、わが御孫命（ミマノミコト）が豊葦原水穂之国を治めにお降りになる」と仰せられた。このとき高天の原から降って来られた大神は御名を香島の天の大神と申し、天にてはすなわち日の香島の宮と号し、地にてはすなわち豊香島の宮と名づける。（土地の人はいう、「豊葦原水穂の国を依さし奉らんと詔り給えるに、荒ぶる神たち、また石根・木立・草の片葉まで言問い、昼はさ蠅の音ない、夜は火のかがやく国、これを事向け平定《やは》さん大御神として天降り仕えまつりき」）》

（前掲書『風土記』常陸国風土記・香島の郡）

《高天の原から降って来られた大神は御名を香島の天の大神と申し、天にてはすなわち日の香島の宮と号し、地にてはすなわち豊香島の宮と名づける》という記述から、鹿島という地は少なくとも高天原から降りられた神が住む地であるという認識があった、ということがわかります。

『続日本紀』の養老7年に初めて「鹿島」の字が出ており、その頃に地名の表記が「香島」から「鹿島」に改められたと考えられています。「かしま」と言い習わされていた地名は、おそらく、中央政府からの行政的要請で「鹿島」に固定されたのでしょう。

「鹿島」という地名の発祥としては、甕山《みかやま》を起こりとする「香島」の「香」が鹿に変わったとする甕島説や、神が鎮まる島としての神島《かみしま》説があります。神島という名は、当然、高天原に関係します。天（あま）は海（あま）と同一の起源を持つ言葉です。

なお、「香島」を「かぐしま」と言っていた可能性もあります。これは、実は、鹿島と鹿児島の関係を示唆しています。天孫降臨の出発の地である「香島」と天孫が降臨した地「鹿児島」とが、ほぼ同じ名であることはたいへん重要です。

香島の命名はタケミカヅチが活躍した時代だと考えられます。それが鹿にまつわる命名であったとしても、「かぐしま」あるいは「かごしま」と呼ぶことに変わりはありません。『古事記』

では、鹿の神を天迦久神（アメノカグノカミ）と言います。「かご」は鹿の愛称なのです。当時は香島を「かぐしま」と呼んでいたのが、「かしま」と略されることもあり、中央では「かしま」と言っていたのでしょう。この名前の関連は、鹿島と鹿児島のつながりを示しています。

つまり、「平定事業のために鹿島から船で出発する」ということが、高天原の神々が降臨する、つまり「天孫降臨」ということなのです。

鹿島は「天孫降臨」の出発点

鹿島神宮には「御船祭《みふねまつり》」という大祭があります。12年に一度、7月上旬から中旬にかけて行われる、鹿島・坂戸・沼尾の3社から3隻の御船を香取神宮に向かって出す祭りです。

鹿島神宮の『当社列伝』には御船祭について、《我が朝第一の祭礼であって、三韓降伏天下泰平の大神事》と書かれています。また、《天地も動くばかりにきこゆるは　あづまの宮の神のみいくさ　天下治《あめがしたおさ》めし事は古りぬれど　昔を見する神の御軍》とも書かれています。

鹿島神宮の「御船祭」©pixta

「天下治め」というのはたいへんに興味深い表現です。天が下を治める、ということです。

これは、高天原系の神武天皇が列島を統治することと同一の意味をもっています。鹿島神宮は高天原の神々の降臨に深く関係し、御船を用意して送り出すことをその中心的役割としていた神社だったのです。

「鹿島立ち」という言い回しがあります。旅行に出発すること、門出などを表現する言葉です。

これは、常陸国の「防人《さきもり》」が鹿島神宮に集合して鹿島から赴任先の九州に船で向かったことが発祥です。663年の「白村江《はくすきのえ》の戦い」で敗れた日本が大陸からの侵攻を恐れて九州に派遣することにした兵が防人です。

鹿島神宮では毎年3月9日に「祭頭祭《さいとうさい》」が行われますが、これはこの「鹿島立ち」を今に伝える祭りです。

人々は、六尺の樫の棒を持ち、祭頭歌を歌いながら棒を組んだりほぐしたりしながら市中を練り歩きます。天武天皇の時代から始まった、防人の出立を祝う祭りです。

防人は、九州までの遠路を果敢に船で渡っていきました。そして、さらに遡って、同じく九州に向かう高天原の神々の様子を御船祭に関連付けることができるのです。

『万葉集』に、次の歌があります。

《霰降り　鹿島の神を　祈りつつ　皇御軍《すめらみくさ》に　我は来にしを》（「防人歌」『万葉集』巻二十、四三七〇）

「霰降り（あられふり）」は、かしましい、ということから鹿島にかかる枕詞《まくらことば》で、鹿島の神とはタケミカヅチのことです。「鹿島立ち」という言い回しに残る防人の出立だけでなく、防人よりもはるかに時を遡った時代に鹿島を出発していった神々の船団を「御船祭」の盛大な船の出立に見るのは決して無理なことではありません。

鹿島神宮の『当社列伝』にある《昔を見する神の御軍》とは、鹿島から鹿児島へと向かう《神の御軍》であり、おそらく、神武天皇に霊剣を降ろしたという表現で象徴されるタケミカヅチの軍です。また、同書にある《大宮柱太敷立て始り給う事、時に神武天皇元年辛酉の歳な

鹿島神宮 大鳥居（茨城県鹿嶋市）©pixta

り》という記述にも結びつきます。

神武天皇は、まさにこの鹿島から船出して鹿児島に向かった船団によって九州から西国を統一することができたのです。このことが鹿島神宮の、神武天皇元年に宮柱を建てた、という由緒に結びついているわけです。

『常陸国風土記』の《高天の原から降って来られた大神は御名を香島の天の大神と申し、天にてはすなわち日の香島の宮と号し、地にてはすなわち豊香島の宮と名づける》という記述の「香島の天の大神」もまた、もちろんタケミカヅチです。

高天原に香島の宮があり、豊葦原の水穂の国には豊香島の宮があります。同じ香島の宮であり、高天原は鹿島地方の上の天にあると解釈するのに十分な表現が、ここにはあります。

今も鹿島にある地名「高天原」

茨城県鹿嶋市には、今も「高天原」という地名が存在します。鹿島神宮から3キロメートルほど離れたところにあり、鹿島神宮の飛び地の境内となっています。

『鹿島神宮』（学生社、1968年）という鹿島神宮の研究には欠かせない本を書いた、鹿島神宮累代の社家にあたる東実氏は次のように述べています。

茨城県鹿嶋市高天原１丁目１番地
（撮影：高谷賢治）

《砂地ぎみのひろびろとした台地で、高天原には美しい松林が一面に生い茂っている。その東は、すぐ三百メートルほど下がって鹿島灘の海岸である。この高天原の東の隅には、鬼塚と呼ばれる全長八〇メートルほどの、大古墳があり、その上に立つと、太平洋は一望のもとにおさめられ、西北に筑波山をのぞむ絶景の地である。そして、その中央には、朱無川という水源地もわからなければ、下流がどこに消えるのかわからない不思議な川が流れている。鹿島神宮の祭神、武甕槌神は、高天原から派遣されて出雲に国譲りの交渉をしたが、この高天原が、神話のなかの高天原であったのだろうか》(前掲書『鹿島神宮』)

東実氏は、高天原と呼ばれている場所が茨城県にこの他にあと2か所あるとして紹介しています。つまり全部で3か所あるというのです。

1. 鹿島神宮の飛び地の境内で、本宮から約3キロメートル東に行った鹿島灘に面した高台
2. 筑波山の中腹にある、岩石が重なり合っているところで、やはり眺望の良い場所
3. 水戸市外にあり、新井白石の『古書通』に天御中主神が君として書かれている那珂国にあたり、田畑と住居地帯の入り混じったところ

この3か所は、すべて、祖神を偲《しの》んで後世に命名されたものと考えられます。どれも、そこが高天原だったということではなく、その情景が、高天原がこの近くにあるということを思わせる場所です。

「1」の場所は周囲が丘陵で、さらにその中に古墳の大丘陵が存在しています。「2」の場所は、岩山が聳え立つ筑波山内にあります。「3」の場所は平野ですが、さほど遠くないところに那珂川が流れています。どれも、自然の起伏の中で周囲に調和した場所で、かつての高天原を想像させる場所です。

『記紀』に登場する「高天原」の謎

高天原が、『記紀』にはどのように書かれているか見ていきましょう。
まず、『記紀』にそれぞれ初めて高天原が登場するのは、次の箇所です。両書ともに高天原は、アメノミナカヌシノカミ誕生の場、宇宙の根本的な場所として書かれています。

【古事記】上つ巻
《天地の初発のとき、高天原に成りませる神の名は、天之御中主神（アメノミナカヌシノカミ）。次に高御産巣日神（タカミムスヒノカミ）。次に神産巣日神（カミムスヒノカミ）。こ

の三柱の神は、みな独神に成りまして、身を隠したまひき》

【日本書紀】神代上

《一書に曰はく、天地の初めて判るるとき、始めて倶に生りいずる神有す。国常立尊（クニトコタチノミコト）と号す。つぎに国狭槌尊（クニノサヅチノミコト）また曰はく、高天原に生れませる神の名を天御中主尊（アメノミナカヌシノカミ）と曰す》

アマテラスが隠れてしまう天石屋戸の段では次のように書かれています。

【古事記】上つ巻

《かれここに天照大御神みかしこみて、天石屋戸をたてて、さしこもりましき、すなわち高天原皆暗く、葦原中国悉《ことごと》に暗し》

【日本書紀】神代上

《是の時に天照大神おどろきたまひて、梭《ひ》を以て身を傷ましむ。是によりていかりまして、すなわち天石窟に入りまして、磐戸を閉さしてかくりましぬ。故れ、六合《くに》（国のこと）の内常闇にして、昼夜の相代わるまきも知らず》

『古事記』においては、高天原は、特別な場所のようには書かれていません。また、『日本書紀』においては、この場面に高天原という言葉は出てきませんが、《六合の内常闇にして》と、高天原と葦原中国の2つの世界が別々の世界のようには表現されていません。

天孫降臨の場面では次のように書かれています。

【古事記】上つ巻

《ここに日子番邇邇芸命（ヒコホノニニギノミコト）、天降りまさむとする時に、天の八衢に居て、上は高天原に光らし、下は葦原中国を光らす神ここにあり》

【日本書紀】神代下

《已にして降りまさむという間に、先駆者還りて白さく、「ひとりの神有りて、天八達之八衢に居り。其の鼻の長さ七あた、背の長さ七さか餘り。まさに七尋と言ふべし」》

高天原はアメノミナカヌシノカミが誕生した尊い場所であるはずですが、そうした尊い場所と同一であるとはわからない表現になっています。《日本書紀》では、《降りまさむ》という表現に、「高天原から」ということを思わせるのみです。

『記紀』に、「高天原」が最後に登場するのは次の箇所です。

【古事記】上つ巻
《ここに詔りたまはく、「此地は韓国《からくに》に向い、笠沙の御前にま来通りて、朝日の直刺す国、夕日の照る国なり。かれ此地ぞいと吉き地」と詔りたまひて、底つ石根に宮柱太しり、高天原に氷ぎ高しりてましましき》

【日本書紀】持統天皇
《高天原広野姫天皇（タカマノハラヒロノヒメノスメラミコト。持統天皇）は、少の名は鸕野讃良皇女（ウノサララノヒメミコ）とまうす。天命開別天皇（アメミコトヒラカスワケノスメラミコト。天智天皇）の第二女なり》

『古事記』では、どこか高天原は九州あたりを思わせています。韓国との位置関係が書かれ、朝日が昇り、夕日が照らす、いとよき地、と書かれ、高天原が一般の土地とは違う場所であるという印象はありません。

『日本書紀』では、持統天皇の名に高天原がつけられているのが最後です。高天原という言葉をその名につけた理由については書かれていません。

当初の高天原は、アメノミナカヌシノカミが誕生した尊い場所であり、幻想的で現実離れしている場所のように見えます。それが、後の方では、特別な世界があったということは強調されません。

つまり、高天原は、「最初は天高く抽象的な幻想世界だったけれども、神々が住むようになって段々と現実の地上における世界に降ってきて、最終的には追憶の場所となった」ということになるでしょう。たとえばギリシャ神話に見られるオリンポスのような、神話として完成される前段階ですでに確立していた理想化された世界であるとは思えません。

ギリシャ神話では、神々は実際のギリシャ半島と周辺の島々を舞台として幻想的な物語が展開されています。幻想の世界は、現実の世界を舞台としていながらも、現実世界からは自立していました。

日本神話では、高天原というものが変化していきます。民俗学者の折口信夫《おりくちしのぶ》は次のように述べています。

《さて高天原を考えた人民は、少なくとも高原に住んでいた人間であらねばならぬ。山地の

河口湖から望む初夏の富士山（山梨県）©pixta

折口信夫

人の常として、標山思想とを抱いて、神は天から降るものと考へていた。で、少なくとも宗教神と祖神との混同から、浄土と祖国とを一つにして、高天ヶ原という異郷を考へてゐたものと信じる》（「異郷意識の進展」１９１６年）

人間というものは、確かに、高いところに憧れます。高天原の由来はそこにあると考えていいでしょう。

日本は特に山の多い国です。山に囲まれて暮らす人々は高い山を仰ぎ、そこに特別な霊魂を感じたことでしょう。日本人は、「山人＝大和」民族なのです。

そして、高い山に高天原を想像するとすれば、その高い山にふさわしい山の第一は富士山の他にありません。

高天原と「富士山」の関係

高天原と富士山との関係は、タケミカヅチの誕生を見ていくことで明らかになっていきます。

神話はタケミカヅチの誕生を、「イザナギ、イザナミの男女二人の祖神が国々を生み、神々を生んだ時に、火の神カグツチを生んだ。火の神であったため、イザナミの神が火傷をして死んでしまった。怒ったイザナギの神がイツノオハバリという名の刀を抜いて火の神カグツチを斬り殺した。するとその血が湯津石村というところになだれついて、そこに生まれた神々のうちの一人がタケミカヅチだった」と伝えます。

ナマズを抑えるのは鹿島神ことタケミカヅチ。「地震のおかげで普請が増え、大工が儲けて大喜びしている」という、風刺画（安政２年（1855年）10月の瓦版）

火の神カグツチを生んだ、というのは、火山を生じさせた、とも推測できます。ここには、山地における火山活動と周囲の高原の有様が展開されていると考えることができるでしょう。

イザナギが火山を刀で罰し、流れた血が湯津石村という地に流れ着き、そこで生まれた一神がタケミカヅチでした。

これは、タケミカヅチが火山活動によって生まれた神であるということを示しています。前出の東実氏は、『古事記』の中の22もの神々が火の神カグツチが生まれてから生まれた神々であるということは火山活動のすさまじさを表したものだ、と述べています。富士山には10回以上の噴火記録があり、噴煙が絶えない火山だったことは歴史的事実です。

富士山の火口 ©pixta

富士山に鎮座して東日本一帯を守護する神はコノハナサクヤヒメですが、これは、火中出産の説話から火の神とされたコノハナサクヤヒメが、父にあたる各地の山を統括する神・オオヤマツミから火山かつ日本一の秀峰である富士山を譲られたからです。

富士山の付近には数多くの神社があります。「富士」という言葉を冠とするものもしないものもありますが、いずれも浅間神社と呼ばれています。お浅間《せんげん》さん、と呼ばれて親しまれている神社は、富士山を御神体とし、コノハナサクヤヒメを祭神としています。「フジ」は、アイヌ語で「火の山」という意味です。ここには、蝦夷の南下によって呼称が影響を受けた可能性も見いだせます。

浅間山の朝焼け 北軽井沢から ©pixta

もしも蝦夷の南下がなければ、「富士山」と呼ばれることはなく、「浅間山」の主峰といったほどの扱いにとどまっていたかもしれません。浅間山は関東平野のどこからも見える名山です。タケミカヅチの本源である常陸の地は平らかで、その姿が、ひときわ美しく望めることは今でも変わりません。そして、富士山麓は、タケミカヅチの誕生地にふさわしい物理的な条件を備えています。

タケミカヅチ誕生の頃の高天原には、少なくとも、火の神カグツチに象徴される「火山」と、タケミカヅチの父である伊都尾羽張神（イツノオハバリノカミ）が塞《せ》き止めていた天安河《あまのやすのかわ》という「川」と、そして、妻の死に際して流したイザナギの涙から生まれた泣沢女神（ナキサワメノカミ）が住む天香山《あまのかぐやま》という「山」がありました。

つまり高天原は、「火山活動の激しい山岳地帯の高原で、川があり、川には急流の部分があり、山を崩すことによって川を塞き止めることのできる可能性がある、そういった場所だ」ということです。

前出の東実氏は、このような場所を実際に探せば富士山麓の山梨県側が挙げられる、としています。山梨県はかつて「甲斐国《かいのくに》」と呼ばれました。甲斐とは「峡」という意味で、四方を山に囲まれた地です。川はすべて峡谷を流れており、富士の溶岩流でできた地形が多く、高原地帯です。

諏訪大社、上社本宮の拝殿 ©pixta

そして、ほど近くには長野県の諏訪大社があります。諏訪大社は、タケミカヅチに追われて諏訪湖に逃げ、そこで国譲りを承知したタケミナカタを祭神とする神社です。

富士山麓の形状が神話における高天原の描写に似ていることが、タケミカヅチの誕生の地であることとも、諏訪大社が近くにあることとも関係しています。富士山が高天原だった、また、少なくとも富士山は高天原の候補地のひとつである、ということは間違いありません。

高天原と「常陸国」の関係

『常陸国風土記』に次のような記述があります。

《ここから西に高来《たかく》の里がある。古老がいうことには、「天地の権輿《つくりはじめ》、草木がものをよく言うことができたとき、天より降って来た神、お名前を普都大神と申す神が、葦原中津之国を巡り歩いて、山や河の荒ぶる邪魔ものたちをやわらげ平らげた。大神がすっかり帰順させおわり、心の中に天に帰ろうと思われた。その時、身におつけになっていた器杖の甲・戈・楯および お持ちになっていた美しい玉類をすべてことごとく脱ぎ棄ててこの地に留め置いて、ただちに白雲に乗って蒼天に昇ってお帰りになった」》(『風土記』常陸国風土記・信太の郡、吉野裕・訳、平凡社)

つまり、常陸国は、ある境から「葦原中国」として認識されているということです。また、次のような記述があります。建借間命(タケカシマノミコト)とは、第十代崇神天皇の御代に東方の平定に遣わされた軍人です。

《建借間命は天を仰いで神に祈誓して、「もし天人《あまつひと》の烟《けぶり》ならば、こちらに来て私の上に覆いたなびけ。もし荒賊《えしもの》の烟ならば、むこうに去って海上にたなびけ」といった》（前掲書『風土記』常陸国風土記・行方の郡）

これは、常陸国に天人が住んでいたということを示しています。常陸国は高天原から近いところにある地であり、そこから天人がやってきていたのです。

また、『伊勢国風土記』の逸文に、次の記述があります。神武天皇についての記述の一部です。

《また天日別命（アメノヒワケノミコト）に勅して「はるか天津の方に国がある、ただちにその国をたいらげよ」と仰せられて、天皇の将軍としての標《しるし》の剣を賜った。天日別命は勅を奉じて東に入ること数百里であった》

東実氏は、これらのことは、常陸国が「天」だったことを示しているとしていますが、私は、「常陸国は天に近くにあり、そこから天神たちが頻繁に常陸国に降りてきていた」と見るべきだろうと考えています。

ここで重要なのは、少なくとも伊勢よりも東に「天」があったことを、断片的にではありますが証明している記述でもある、ということです。

東実氏は、《つまり、建借間命、天日別命の時代には、「天」はまだ実際の場所として、かすかに伝えられていたことを示すといえよう。そしてその天という場所が、従来の日本の歴史からは思いもよらない東国を示していることに注目しなければならない》と述べています。

これは、まさに卓見といえるでしょう。

『常陸国風土記』には、かつて常陸国は高天原だった、と思わせる記述もあります。

《天の大神の社の周りには卜氏が住んでいる。

そこは、地形が高く東と西は海に臨んでいて、峰と谷が犬の牙のように村里に交わっている。山の木と野の草が生い茂り、まるで、中庭の垣根を作っているようだ。潤い流れる崖下の泉は、朝夕の汲み水になる。大地の峰の頂きに住まいを構えれば、生い茂った松と竹とが、垣根の外を守ってくれる。谷の中腹に井戸を掘れば、生命力旺盛な葛の葉が、井戸の壁面を覆い隠す。

春、その村を歩けば、様々な草花が咲き乱れ、かぐわしい香りを放っている。秋、その道を過ぎ行けば、数多くの木々に、錦織りなす木の葉が美しい。ここはまさに、神と仙人が隠れ住んでいるような所だ。くしき力を持つ何かが生まれ出づる土地だ。その佳麗な不思議さは、とても書き表す事が出来ない。

その天の大神の社の南に郡役所があり、北に沼尾の池がある。土地の古老の話では、沼尾の池は、神代のむかしに天から流れてきた水沼だという。なるほど、池に生える蓮根は、比べる産地がないほど味わいを異にして、大変美味いとしかいいようがない。そればかりか、病に苦しむ者は、この沼の蓮を食えば、たちどころに治るという。この池には、鮒や鯉も多く生息している。この地は、以前に郡役所が置かれた所で、たくさん橘を植えていてその実も美味い。》(財団法人鹿嶋市文化スポーツ振興事業団『図説鹿嶋の歴史』より、『常陸国風土記』「香島の郡」口語訳)

「かしま」という地が、あたかも、神と人とが同居する空間として描かれています。神の恵みを享受する、当時に生きる人々の喜びが感じられます。神を祀り、神と共に日常をおくっている「かしま」の人々は常世国・常陸の中でも特別な氏族である、と考えられていたことが示されています。

タケミカヅチと「鹿島神宮」の関係

高天原の神であるタケミカヅチがどのように鹿島にやって来て鹿島神宮の祭神となったか、ということを見ていきましょう。

鹿島神宮が鎮座している場所は茨城県鹿嶋市大字宮中字鹿島山で、鹿島地方のほぼ中央にあります。千葉県の銚子を含む今の海上郡一帯に含まれますが、この地帯は石器時代の頃、独立した島のように存在していたと言われています。

つまり、鹿島というのは、今の銚子のほうから見ると、独立した島として見えたために「島」と認識されていたらしいということです。

今は銚子から海へ注ぐ関東を代表する河川・利根川は、江戸時代より前には東京湾に注いでいました。『常陸国風土記』には《東は大海、南は下総と常陸との堺なる安是の湖、西は流海、北は那賀と香島との堺なる阿多可奈の湖なり》と書かれていて、つまり昔は島だったわけです。「香島」が公式に「鹿島」となったのは723年（養老7年）のことです。旧名の香島で話を進めますが、香島にタケミカヅチが降ったのは、この地から約70キロメートル離れた大甕《おおみか》に住む香香背男《カガセオ》を討伐するためでした。

討伐にあたってタケミカヅチは、建葉槌神（タケハヅチノカミ）を派遣します。つまり、直接に手を下したわけではありません。タケハヅチは命令を受けて北に進み、瓜連《うりづら》という地に陣をかまえます。カガセオを討った後、そのまま瓜連に留まって、現在の茨城県那珂市にある静神社の祭神となりました。

また、鹿島神宮の拝殿前にある摂社高房神社にはタケハヅチが祀ってあります。本宮に参拝する前にここを参拝するのが伝統で、カガセオ討伐で先陣を果たしたことに由来するとされています。

タケミカヅチが香島に入った経路は明らかではありません。現在の潮来町大生原にある大生神社の社伝に、香島より早くタケミカヅチがここへ来た、とあることから、東実氏は、タケミカヅチは少なくとも行方《なめかた》郡を通ったらしいと述べています。

さらに東氏は《流海に出られ、船で流海を下り、大海（太平洋）に出て、明石の浜に上陸され、沼尾を経て香島に至ったのであろう》と述べています。明石の海岸には今も、太平洋に向かって鳥居が立てられています。

タケミカヅチの鎮座年代については、鹿島神宮の社伝に《大宮柱太敷《ふとしき》立て始り給ふ事、時に神武天皇元年辛酉の歳なり》とあります。他の古文書にも、神武天皇元年に宮柱を建てた旨が記されています。

その住居はタケミカヅチが神上げられた（死亡された）後にそのまま社殿として残り、神武天皇が勅祭、つまり勅使を遣わして成ったということになる、と東氏は述べています。

江戸時代の浮世絵に描かれた建御雷神（たけみかづちのかみ）（『葛飾廿四将』岳亭春信作、19世紀中頃）

こうしてタケミカヅチは鹿島を本源とする神となりました。鹿島神宮は日本最古の神社のひとつで、高天原の宮殿・天日隅宮と同じ作法でタケミカヅチは祀られました。

『常陸国風土記』には、崇神天皇の御代に、おびただしい量の幣物がこの社に奉納されたことが書かれています。伊勢神宮が建てられたのは崇神天皇の時代ですから、当然、鹿島神宮はそれよりも古く、そして、平安時代に神宮と呼ばれたのは伊勢神宮と、この鹿島神宮、香取神宮だけでした。

「鹿島」の文明の考古学的裏付け

高天原は関東にありました。少なくとも関東は、古来、そう考えていい重要な地域でした。鹿島地方には、そうした考えを示している神話の記述の事実性を裏付けるような遺跡が豊富に存在しています。

まず、鹿島地方には、旧石器時代から人が定住していたことがわかっています。鹿島神宮の近くに「常陸《ひたち》伏見遺跡」と呼ばれる遺跡があります。現在は清真学園・鹿島神武殿になっています。

常陸伏見遺跡では、1976（昭和51）年の第一次調査の段階で、すでに石器集地点（石器が集中して出土する地点）が4か所発見されていました。石器製作場とも見られる跡も見つかっています。ナイフ型石器をはじめとする出土した石器は、2万4000～2万年前、あるいは1万9000~1万5000年前のものと見られています。鹿島神宮近辺にはまた、「厨台《くりやだい》遺跡群」「中町附《なかまちづけ》遺跡」などの旧石器時代からの遺跡があります。

鹿島地方の遺跡には、たいへん重要な特徴があります。後代のものを含めた夥《おびただ》しい数の遺構が重なった状態で存在するということです。旧石器時代という単独の時代の遺跡として存在するわけではない、ということです。

たとえば常陸伏見遺跡は、旧石器時代から縄文時代早期・前期・中期・後期にわたる複合遺跡です。そしてそこには、現在の鹿島の人々の暮らしも続いています。このことは、鹿島地方に、いかに古くから多くの人々が、定住の形態で住み続けていたかを意味しています。定住は、文化を深く整えるという結果を生みます。鹿島という土地では、旧石器時代というはるかに遠い時代から文明がつくりだされ、文化の成熟が続けられていたのです。

歴史教科書をはじめとする西日本中心の歴史観に慣れてしまっている多くの人は、「神武天皇以前から存在していた東国の大勢力」と言われてもピンとこないかもしれません。東国になぜ大勢力が存在したのかという疑問に対しては、私が『日本の起源は日高見国にあった縄文・弥生時代の歴史的復元』(勉誠出版、2018年)でまず検証した通り、「旧石器時代から縄文時代にかけての日本列島の人口は東日本のほうが圧倒的に多かった」という事実がヒントになるでしょう。

日本の、いわゆる古代と呼ばれる時代は、文字資料がないために「空白」だと言われがちです。その「空白」という言葉がそのままイメージとして世間に浸透して、『記紀』にほとんど書かれていない東国を、薄っぺらな、場合によっては野蛮であるだけの地域としてしまっているわけです。

考古学的事実が最近になって続々と発見されています。そこで明らかにされた事実と神話との結合から、日本の歴史はもっと豊かに語ることができるのです。

渡来ユダヤが関東の高天原を目指した可能性

鹿島神宮、香取神宮といった関東の重要神社は、実は日本列島の東端に存在しています。ここは非常に重要なポイントです。

関東の重要な神社は日本列島の東端、つまり太陽が昇るところに存在しているのです。日立、つまり「常陸」という地名からそれは明らかです。

そして、常陸を中心とした関東・東北の広い地域に、大和政権以前の統治勢力である「日高見国」が存在していました。

日高見国という名前は『日本書紀』の2か所に登場します。第十二代景行《けいこう》天皇の御代に、武内宿禰《たけうちのすくね》という側近が北陸・東北の諸国を視察しました。その報告の中に、「東方にある広大で肥沃な土地（くに）」として日高見国が出てきます。

そしてもうひとつ、ヤマトタケルが東征したときの最終の訪問地として日高見国は登場します。同じく景行天皇の御代の話です。このとき、日高見国はヤマトタケルにとっては平定すべき対象の国でした。

ただし、『日本書紀』に残る日高見国についての記事は、時代が進むにつれて小国化していった日高見国の残滓《ざんし》に過ぎません。日高見国こそは、かつて縄文・弥生の時代に関東・東北を広く束ねた、日本列島を担う、日本の源郷とも言うべき国家でした。

日高見国に関する真実は、私が『高天原は関東にあった　日本神話と考古学を再考する』（勉誠出版、2017年）で詳細に検証した通りであり、ここ30年ほどの間に、特に考古学的な分野での発見から導き出された事実、つまり、1992年から開始された三内丸山遺跡（青森県）の本格的調査をはじめとする大集落型の縄文遺跡発掘、放射性炭素年代測定による遺物の年代の再調査やＤＮＡ解析と考古学の組み合わせによる文化伝播の見直し、遺跡発掘調査から解析された縄文・弥生時代の日本列島人口分布の実態などから導き出される歴史の実際の姿です。

そして、日高見国を象徴するものとしてこそ、高天原という概念がありました。高天原は関東にあり、アマテラスは関東を本拠とする太陽神であり、国譲りは関東勢力による統一事業であり、天孫降臨は関東から西国に向けて行われた遠征事業であり、神武天皇の東征は九州を起点とする戦略をとった関東勢力による再統一事業でした。

歴史学者の津田左右吉（１８７３～１９６１年）は日高見国を《実際の地名とは関係のない空想の地で、日の出る方向によった連想からきたもの》（『日本古典の研究・上』岩波書店）と解説しました。そして『日本古典の研究』の発刊からまもない１９５４年、神話学者の松村武雄（１８８３～１９６９年）は、神話学の立場から、日高見国は現実の場所・地域である、として解説しました。

松村武雄氏は「日高見」を「日の上」と考えました。天孫降臨があった日向国から見て東にある大和国をまず「日の上の国（日が昇る国）」と呼び、神武東征の後、中心が大和に移ったことから、「日高見国」は大和国よりも東の地方を指す言葉となった、としています。

松村武雄氏の説によれば、日高見国は東国のかなり広い領域を指すことになります。西の「大和国」に対して、東の「日高見国」ということになるでしょう。東国全体が「日が昇る地方」であり「日高見国」であり、関東・東北全体を表すことになるわけです。

そして、「日が昇る地方」とは、日本の内側から見ただけのものではありませんでした。日本列島はユーラシア大陸の東端に位置する列島であり、世界全体から見た「日が昇る地方」もまた日本列島でした。

人類は日が昇る場所を理想の場所として考え、そこを目指して移動し続けました。理想を求めて移動する、その到達地点に、「日が昇る」日本列島はあり、そこで形成された国家が「日高見国」だったと言うことができるのです。人類は発祥以来、結果的に日本列島を目指して移動し、世界中に散在することになったのです。

本書ですでに述べた通り、「東方の島々」はユダヤの聖典である『旧約聖書』における重要な概念です。預言者イザヤは、「東方の島々」にこそ救いの道があることを「イザヤ書」の中で示唆していました。

イザヤ書第24章の15節から16節にかけて、次のような1節があります。

東で主をあがめ、海沿いの国々でイスラエルの神、主の名をあがめよ。
われわれは地の果てから、賛美の歌を聞いた、「栄光は正しい者にある」と。

「東」と書かれ、「海沿いの国々で」と書かれ、「地の果て」と書かれている点において、ユダヤは海路を使い、ユーラシア大陸の陸路を使って、結果的に日本列島を目指して旅を続けたのです。

海路を渡ったユダヤ人、つまり神の言葉を信じて旅を続けてきたイスラエルの民にとって、これもまた本書ですでに述べた通り、「安息」を意味する「ヨナ」の音を持つ与那国島は、「イザヤ書」に書かれた「東方の島々」への「玄関」でした。

ユーラシア大陸の陸路を使って日本に渡来したユダヤを代表するのが、3～4世紀、応神天皇が弓月国からの移民を受け入れたことによって渡来した、ユダヤを祖とする人々です。その中に、西文氏、東漢氏、秦氏などと後に呼ばれることになる氏族がいました。こうした氏族がユダヤ人の風貌をした人物埴輪に大いに関係した、ということになるわけです。特に秦氏は、日本列島に大規模な土木・灌漑技術などをもたらしたこと、また、天皇のための職能集団を確立したこと、さらには稲荷神社の創祀《そうし》など、渡来ユダヤが日本に同化していく歴史の代表的な具現者でもありました。

日本列島には、すでに縄文の時代から、日高見国という優れた文化・文明が存在していたのです。ユダヤが目指した「東方の島々」にはまさに安息と理想があった、と言っていいでしょう。

日本最西端の与那国島、六畳ビーチ ©pixta

与那国島の海底遺跡。人工物ではないといわれているが!? ©pixta

田中英道（たなか ひでみち）

1942年東京生まれ。東京大学文学部仏文科、美術史学科卒。ストラスブール大学に留学しドクトラ（博士号）取得。文学博士。東北大学名誉教授。フランス、イタリア美術史研究の第一人者として活躍する一方、日本美術の世界的価値に着目し、精力的な研究を展開している。また日本独自の文化・歴史の重要性を提唱し、日本国史学会の代表を務める。

著書に『日本美術全史』（講談社）、『日本国史上・下』（扶桑社）、『日本神話と同化ユダヤ人』（勉誠出版）、『京都はユダヤ人秦氏がつくった』『日本と中国 外交史の真実』（以上、育鵬社）、『日本とユダヤの古代史&世界史 縄文・神話から続く日本建国の真実』（茂木誠との共著、ワニブックス）、などがある。

浦島《うらしま》伝説《でんせつ》とユダヤ

山幸彦《やまさちひこ》が紡《つむ》ぐ海洋国家日本《かいようこっかにほん》の古代史《こだいし》

著者　田中英道

2025年1月10日　初版発行
2025年3月20日　2版発行

編集協力　尾崎克之
校　　正　大熊真一（ロスタイム）
編　　集　川本悟史（ワニブックス）

発行者　髙橋明男
発行所　株式会社ワニブックス
〒150-8482
東京都渋谷区恵比寿4-4-9 えびす大黒ビル
ワニブックスHP　http://www.wani.co.jp/

お問い合わせはメールで受け付けております。
HPより「お問い合わせ」へお進みください。
※内容によりましてはお答えできない場合がございます。

印刷所　株式会社 光邦
DTP　アクアスピリット
製本所　ナショナル製本

定価はカバーに表示してあります。落丁本・乱丁本は小社管理部宛にお送りください。送料は小社負担にてお取替えいたします。ただし、古書店等で購入したものに関してはお取替えできません。本書の一部、または全部を無断で複写・複製・転載・公衆送信することは法律で認められた範囲を除いて禁じられています。

ISBN 978-4-8470-7498-1